DAS INOFFIZIELLE BACKBUCH FÜR Harry-Potter-Fans

DAS INOFFIZIELLE BACKBUCH FÜR Harry-Potter-Fans

Von
Katja Böhm &
Tom Grimm

Mit Fotos von
Tom Grimm & Dimitrie Harder

HEEL

Für Hannah,

die weiß, warum.

HEEL Verlag GmbH
Gut Pottscheidt
53639 Königswinter
Tel.: 02223 9230-0
Fax: 02223 9230-13
E-Mail: info@heel-verlag.de
Internet: www.heel-verlag.de

© 2021 HEEL Verlag GmbH

DIESES BUCH IST KEIN OFFIZIELLES LIZENZPRODUKT UND STEHT IN KEINERLEI VERBINDUNG ZU J. K. ROWLING, POTTERMORE LIMITED, WIZARDING WORLD DIGITAL LLC., WARNER BROS. ENTERTAINMENT INC. ODER IRGENDEINEM ANDEREN HARRY-POTTER-RECHTEINHABER.

SÄMTLICHE TEXTE, BILDELEMENTE UND REQUISITEN IN DIESEM BUCH WERDEN AUSSCHLIESSLICH IM RAHMEN DES ZITATRECHTS NACH §51 URHG VERWENDET. JEDWEDES URHEBERRECHT O. G. PARTEIEN UND/ODER ANDERER HARRY-POTTER-RECHTEINHABER BLEIBT DAVON UNBERÜHRT.

Alle Rechte, auch die des Nachdrucks, der Wiedergabe in jeder Form und der Übersetzung in andere Sprachen, behält sich der Herausgeber vor. Es ist ohne schriftliche Genehmigung des Verlages nicht erlaubt, das Buch und/oder Teile daraus auf fotomechanischem Weg zu vervielfältigen oder unter Verwendung elektronischer bzw. mechanischer Systeme zu speichern, systematisch auszuwerten oder zu verbreiten.

PROJEKTLEITUNG: Hannah Kwella
PROJEKTREDAKTION: Tom Grimm, Grinning Cat Productions
REZEPTE: Katja Böhm, Tom Grimm
FOODFOTOGRAFIE: Dimitrie Harder & Tom Grimm
GRAFIKDESIGN, SATZ & LAYOUT: Roberts Urlovskis
UMSCHLAGGESTALTUNG: Roberts Urlovskis & Tom Grimm
VORSATZILLUSTRATION & GOLD-DOBBY: Angelos Tsirigotis
LEKTORAT: Andreas Kasprzak

Dieses Buch und die darin enthaltenen Rezepte wurden nach bestem Wissen und Gewissen verfasst. Weder der Verlag noch die Autoren tragen die Verantwortung für ungewollte Reaktionen oder Beeinträchtigungen, die womöglich aus der Verarbeitung der Zutaten entstehen.

– Alle Rechte vorbehalten –
– Alle Angaben ohne Gewähr –

Printed in Slovakia

ISBN: 978-3-96664-291-0

Bibliografische Information der Deutschen Nationalbibliothek
Die Deutsche Nationalbibliothek verzeichnet diese Publikation in der Deutschen Nationalbibliografie;
detaillierte bibliografische Daten sind im Internet über http://dnb.d-nb.de abrufbar.

Inhalt

Süßes für die Süßen!	10
Butterbierkekse	12
Zischende Wissbies	14
Hogwartser	16
Harrys Geburtstagstorte	18
Eulennüsse	20
Butterbier	22
Mürbeteig-Heuler	24
Bertie Botts Bohnen jeder Geschmacksrichtung	26
Vielsaftwackelpudding	28
Dudley Dursleys Donuts	30
Flüssiger Apfelstrudel	32
Waffeln mit Butterbiersoße	34
Butterbier-Popcorn	36
Butterbierpudding	38
Schmelzen-im-Mund-Schneeflocken	40
Butterbiereis	42
Tante Petunias Schokokuchen	44
Marmeladenkrapfen	46
Hedwig die Muffin-Eule	48
Pfefferminzbonbons	50
Butterbier-Fudge	52
Dumbledores Lieblingstee	54
Kürbissaft	56
Eulenpops	58
Butterbier-Macarons	60
Tante Petunias Windtorte	63
Magisches Blasenbrot	66
Würgzungentoffees	68
Mrs. Weasleys Karottenkuchen	70

Druhbels bester Blaskaugummi	72
Dumbledores Lieblingszitronendrops	74
Ingwerkekse	76
Kanarienwindbeutel	78
Goldene Schnatze	80
Siruptorte	82
Kandierte Ananas	85
Felsenkekse	88
Schluckaufdrops	90
Mince Pies	92
Fieberfudge	94
Gringotts Goldtaler	96
Johannisbeerrum	98
Florean Fortescues Chili-Eis	100
Quinquefle	102
Plum Pudding	104
Mandragora	106
Lunas lieblicher Fruchtpudding	108
Weihnachtskuchen	110
Zauberkessel	112
Säuredrops	114
Zuckerwattefliegen	116
Eierpunsch	118
Wolfsbanntrank	120
Chocolate Gateau	122
Amortentia	124
Butterbier-Shortbread	126
Zimt-Karamell-Zauber	128
Lakritzzauberstäbe	130
Schoko-Acromantulas	132
Animagus	134
Butterbier-Käsekuchen	136

Slug Club-Dessert	138
Crumpets	140
Kotzpastillen	142
Felix Felicis	144
Schoko-Erdbeeren	146
Prof. Slughorns Popcornbällchen	148
Apfelkuchen	150
Pfefferkobolde	152
Blancmange	154
Cross Buns	156
Zauberbohnen	158
Tarteletten-Dreierlei	160
Lemon Curd-Eclairs	163
Johannisbeersirup	166
Quiekende Zuckermäuse	168
Zaubertrank	170
Sticky Toffee Pudding	172
Nasch-und-Schwänz-Leckerei	174
Hagrids Gryffindor-Hauskuchen	176
Brandykugeln	178
Himbeermarmelade	180
Ohnmachtshappen	182
Nasblutnugat	184
Zitroneneis	186
Schokofrösche	188
Geisterstangen	190
Danksagung	192

Süßes für die Süßen!

Essen und Trinken spielen in der magischen Welt von Harry Potter eine große Rolle. Besonders Süßspeisen haben es den Naschkatzen der Zauberwelt angetan. Ganz gleich, ob Torten, Kuchen, Muffins, Kekse, Waffeln, Donuts, Bonbons, Pralinen, Desserts, Eiscreme oder Pudding: Wenn Hagrid stolz seine neuesten Backkreationen auftischt, Mrs. Weasley eins ihrer berühmten »Überlebenspakete« voller köstlicher Leckereien nach Hogwarts schickt oder Tante Petunia die Nachbarn mit eindrucksvollen Backwaren überrascht, ist sogar der Kampf gegen Ihr-wisst-schon-wen mit einem Schlag vergessen!

Magie beim Backen – der Titel eines der berühmtesten Kochbücher der Zauberwelt ist bei Harry, Ron & Co. Programm. Das Buch fällt Harry bereits bei seinem allerersten Besuch im Fuchsbau, dem heimeligen Stammsitz der Familie Weasley, ins Auge. Besonders Mrs. Weasleys grandioser Schokokuchen zu seinem Geburtstag und die alljährlichen Weihnachtsplätzchen haben es dem berühmtesten Zauberschüler aller Zeiten angetan. Dabei hat die Zubereitung dieser Genüsse nicht das Geringste mit Molly Weasleys Zauberkünsten zu tun, denn bekanntlich ist das Herbeizaubern von Essen eine der fünf »Wesentlichen Ausnahmen« von »Gamps Gesetz der elementaren Transfiguration«, was bedeutet, dass es unmöglich ist, gutes Essen aus nichts zu machen. Man kann es herbeirufen, wenn man weiß, wo welches ist, man kann es in etwas anderes verwandeln, man kann es mehr werden lassen, aber man kann kein Festmahl aus leerer Luft entstehen lassen. Mit anderen Worten: Man zaubert bereits existierende Speisen und Getränke von anderswo herbei, z. B. aus der Schulküche, aus einem Restaurant oder aus einem Vorratsschrank. Irgendjemand muss sie bereits zubereitet haben, mit dem nötigen Geschick, nach Rezept und unter Verwendung der dafür erforderlichen Zutaten – also genau wie im wahren Leben!

Was im Übrigen eins der Geheimnisse für den phänomenalen Erfolg von Harry Potter ist. Denn so phantastisch die Zauberwelt auch wirken mag, geht es hier letztlich doch nur vordergründig um Magie. Tatsächlich erweist sich das Potter-Versum bei genauerer Betrachtung als geradezu ernüchternd normal. Abgesehen von ihren Zauberkräften sind Harry und seine Freunde letztlich gewöhnliche Teenager mit denselben Sorgen und Nöten wie alle anderen Teenager auch: Sie müssen für die Schule büffeln, werden von Mitschülern gemobbt, erleben ihre erste große Liebe und ihre erste herbe Enttäuschung – allesamt Dinge, mit denen sich jeder von uns identifizieren kann.

Hinzu kommt, dass es am Ende weder Zaubersprüche noch Tränke oder irgendwelche magischen Gimmicks sind, die »Dumbledores Armee« über das Böse triumphieren lassen, sondern Freundschaft, Mut, Loyalität und Opferbereitschaft, also grundmenschliche Tugenden, über die wir Muggel im selben Maße verfügen wie die Zauberkundigen in Harrys Welt. Anders ausgedrückt: Abgesehen von sprechenden Filzhüten, freundlichen Riesen mit rosa Regenschirmen, die auf Motorrädern durch die Lüfte knattern, und dem ganzen anderen Zauberkram leben Harry & Co. in genau denselben Gefilden wie wir, in einem vertrauten Umfeld mit vertrauten Problemen – und mit vertrautem Essen und Trinken, jedenfalls zum größten Teil.

Dementsprechend braucht ihr, geneigte Leserinnen und Leser, auch keinen Zauberstab oder irgendwelche anderen schrulligen Zauberutensilien, um die hier präsentierten Speisen und Getränke »herbeizurufen«. Alles, was dafür nötig ist, ist, dem örtlichen Supermarkt einen Besuch abzustatten, wo ihr alle Dinge bekommt, die ihr braucht. Alles, was ihr außerdem noch benötigt, um aus so banalen Grundzutaten wie u. a. Mehl, Hefe und Wasser wohlschmeckende Köstlichkeiten zu erschaffen, sind ein paar einfache Küchenwerkzeuge und etwas Kreativität. Denn das Großartigste am Backen ist schließlich das Experimentieren! Deshalb sind diese Rezepte auch allesamt nur als Ausgangspunkte für eure eigene süße Reise zu verstehen.

Genau wie in der Welt von Harry Potter gilt auch in der Küche: Die einzigen Grenzen, die euch auferlegt sind, sind die eurer eigenen Phantasie. Und der größte Zauber, dessen wir Muggel fähig sind, ist, andere Menschen glücklich zu machen. Und wie könnte man das besser, als mit einem legendär leckeren Stück Siruptorte?

In diesem Sinne: Viel Spaß beim Zaubern!

Katja Böhm & Tom Grimm

Butterbierkekse

ZUTATEN
FÜR CA. 25 KEKSE

280 g weiche Butter
180 g Rohrzucker
1 Prise Salz
1 TL Vanilleextrakt
1 Ei
300 g Mehl
1 TL Backpulver
150 g Macadamianüsse, grob gehackt
200 g Butterbier-Fudge (siehe S. 52), grob gehackt
100 g dunkle Schokolade, grob gehackt

1. Den Backofen auf 170 °C Ober-/Unterhitze vorheizen. Ein Backblech mit Backpapier auslegen.

2. Die weiche Butter in der Schüssel einer Küchenmaschine schaumig schlagen. Den Rohrzucker, das Salz und das Vanilleextrakt dazugeben und weiterrühren. Das Ei hinzufügen und einarbeiten.

3. In einer separaten Schüssel das Mehl und das Backpulver miteinander mischen. Zu den übrigen Zutaten in die Küchenmaschine geben und gründlich durchrühren. Schließlich die Macadamianüsse, das Butterbier-Fudge und die grob gehackte Schokolade hinzufügen und unterrühren.

4. Jeweils 1 EL große Teighäufchen abnehmen und mit genügend Abstand zueinander auf das Backblech geben. Ca. 12-14 Minuten im vorgeheizten Ofen backen. Dann herausnehmen und auf dem Blech vollständig abkühlen lassen.

Zischende Wissbies

ZUTATEN
FÜR CA. 20–25 WISSBIES

75 ml Kirschsaft
225 g Zucker
50 g Traubenzucker
½ TL Zitronensäurepulver
(Lebensmittelqualität)
2 Päckchen Brausepulver

Außerdem erforderlich:
Zuckerthermometer, Lollistiele,
Lolli-Silikonform (nach Belieben)

1. Die Silikonform und die Lollistiele bereitlegen.
2. Den Kirschsaft, den Zucker und den Traubenzucker in einen kleinen Topf geben und bei mittlerer Hitze unter stetem Rühren so lange aufkochen, bis sich der Zucker vollständig aufgelöst hat. Die Temperatur erhöhen und ab sofort nicht mehr Umrühren! Mit dem Zuckerthermometer die Temperatur kontrollieren. Sobald der Sirup 155 °C erreicht, vom Herd nehmen und auf eine hitzebeständige Unterlage stellen.
3. Zügig die Zitronensäure unterrühren.
4. Die Masse dann behutsam in die Silikonform füllen, mit den Lollistielen versehen und offen aushärten lassen. Vorsicht: Die Zuckermasse ist sehr heiß!
5. Sobald die Lollis ausgehärtet sind, das Brausepulver in eine kleine Schüssel füllen und die Zischenden Wissbies so darin wälzen, dass sie ringsum damit überzogen sind. In einem luftdicht verschließbaren Behältnis lagern.

Falls ihr keine Silikonform zur Hand habt, legt stattdessen einfach ein Backblech mit Backpapier aus, bringt die Lollistiele auf dem Blech in Position und gebt mit dem Löffel jeweils einen Klecks Zuckersirup auf das obere Ende jedes Stiels. Den Sirup grob formen, den Stiel vorsichtig drehen, damit er richtig sitzt, und das Ganze dann in Ruhe aushärten lassen. Anschließend wie oben beschrieben in Brausepulver wälzen.

Hogwartser

Zutaten für ca. 8 Hogwartser

Für den Teig:
- 250 g Mehl
- 1 Päckchen Backpulver
- 1 Päckchen Puddingpulver mit Karamellgeschmack
- 100 g Butter
- 100 g Zucker
- 1 Prise Salz
- Etwas Vanilleextrakt
- 2 Eier
- 60 ml Milch

Für die Dekoration:
- 200 g Puderzucker
- 3 EL Zitronensaft
- Verschiedenfarbiger Fondant (rot, grün, gelb, blau)

Außerdem erforderlich:
Silikonstempel der verschiedenen Hogwarts-Häuser, Spritzbeutel

1. Den Backofen auf 200 °C Ober-/Unterhitze vorheizen. Ein Backblech mit Backpapier auslegen.

2. Das Mehl in einer Schüssel mit dem Backpulver und dem Puddingpulver vermischen.

3. In einer separaten Schüssel die Butter mit dem Zucker, dem Salz und dem Vanilleextrakt mit einem Handmixer schaumig schlagen. Einzeln, eins nach dem anderen, die beiden Eier unterrühren. Nach und nach die Mehl-Puddingpulver-Mischung in die Buttermasse sieben, die Milch unterrühren und alles gründlich durcharbeiten.

4. Den Teig in einen Spritzbeutel füllen und acht gleich große Teigkleckse auf das Backblech spritzen. (Falls ihr gerade keinen Spritzbeutel zur Hand habt, einfach von einem Gefrierbeutel eine kleine Ecke abschneiden.) Zwischen den Klecksen genügend Platz lassen, da der Teig noch ein wenig verläuft! Ca. 10-15 Minuten im vorgeheizten Ofen backen. Herausnehmen und vollständig abkühlen lassen.

5. Den bunten Fondant dünn ausrollen, jeweils kreisrunde Stücke mit einem Glas ausstechen, das ein bisschen größer als die Hogwarts-Silikonstempel ist, und den Fondant in der jeweiligen Hausfarbe mit dem entsprechenden Wappen prägen. Zur Erinnerung: Gryffindor ist rot, Hufflepuff gelb, Ravenclaw blau und Slytherin grün.

6. In einer kleinen Schüssel den Puderzucker mit dem Zitronensaft verrühren, sodass eine dickflüssige Creme entsteht. Den Zuckerguss gleichmäßig auf die »Hogwartser« streichen. Dann die Fondant-Wappen passgenau auf den noch warmen, klebrigen Zuckerguss legen, leicht andrücken und einige Minuten warten, bis sie festgeklebt sind.

Harrys Geburtstagstorte

ZUTATEN FÜR 1 TORTE

Für die Schokoladentorte:
200 g Zartbitterschokolade, grob gehackt
320 g Butter
8 Eier
250 g Zucker
1 TL Vanilleextrakt
1 Prise Salz
30 g Backkakao
2 gestrichene TL Backpulver
190 g Mehl

Für die Buttercreme:
1 Päckchen Vanillepuddingpulver
400 ml Milch
30 g Zucker
190 g zimmerwarme Butter
50 g Puderzucker
Grüne Lebensmittelfarbe
Rote Lebensmittelfarbe

Außerdem erforderlich:
Springform (ca. 25 cm Ø),
Spritzbeutel mit feiner Tülle

1. Den Backofen auf 160 °C Ober-/Unterhitze vorheizen. Den Boden einer Springform mit Backpapier auslegen.

2. Die Butter bei niedriger Temperatur in einem Topf zerlassen. Die Schokolade hinzufügen und schmelzen. Die Schokomasse anschließend einige Minuten abkühlen lassen. Derweil in einer Schüssel die Eier, den Zucker, das Vanilleextrakt und das Salz verrühren. Die abgekühlte Schokomasse hinzugeben und kräftig weiterrühren.

3. In einer separaten Schüssel den Backkakao und das Backpulver mit dem Mehl vermischen, zu den feuchten Zutaten geben und alles zu einem glatten Teig verarbeiten. In die Springform füllen und im vorgeheizten Ofen ca. 30-35 Minuten backen. Den Kuchen auf einen Teller stürzen und vollständig abkühlen lassen. Das Backpapier abziehen und den Kuchen waagerecht einmal mittig durchschneiden.

4. Den Pudding nach Packungsanleitung zubereiten, dabei allerdings lediglich mit 400 ml Milch und 2 EL Zucker aufkochen. Mit Frischhaltefolie abdecken und auf Zimmertemperatur abkühlen lassen. Unterdessen die zimmerwarme Butter und den gesiebten Puderzucker in eine Schüssel geben und mit einem Rührgerät schaumig schlagen. Dann löffelweise den Pudding hinzufügen und auf höchster Stufe weiter verarbeiten. ¼ der Creme für die Füllung beiseitestellen. Von der restlichen Creme einen Teil für die Schrift abnehmen und mit grüner Lebensmittelfarbe einfärben. Den Rest mit roter Lebensmittelfarbe rosa färben.

5. Den unteren Teigboden auf eine Tortenplatte legen und gleichmäßig mit der nicht eingefärbten Buttercreme bestreichen. Den zweiten Boden oben drauflegen, leicht andrücken und die ganze Torte gleichmäßig mit der rosafarbenen Creme bestreichen. Die grüne Buttercreme in einen Spritzbeutel mit feiner Tülle geben und nach Belieben einen Geburtstagsgruß auf die Torte spritzen. Vor dem Servieren einige Minuten trocknen lassen.

Eulennüsse

**ZUTATEN
FÜR CA. 50 EULENNÜSSE**

Für den Teig:
150 g Mehl
100 g Butter
50 g Zucker
1 Eigelb
1 Prise Salz
1 EL Wasser

Für die Füllung:
2 Eiweiße
1 Prise Salz
1 TL Zitronensaft
160 g Zucker
Ca. 50 Toffifee

Außerdem erforderlich:
*runder Keksausstecher (ca. 8 cm Ø),
Spritzbeutel mit feiner Tülle*

1. In einer großen Rührschüssel sämtliche Zutaten für den Teig sorgsam verkneten und locker abgedeckt mit Frischhaltefolie für eine Stunde in den Kühlschrank stellen.

2. Derweil in einer fettfreien Schüssel mit einem Handmixer die Eiweiße mit einer Prise Salz und dem Zitronensaft aufschlagen. Dabei langsam, nach und nach, den Zucker einrieseln lassen und so lange weiterschlagen, bis ein fester Eischnee entsteht. Im Kühlschrank kaltstellen.

3. Den Backofen auf 160 °C Ober-/Unterhitze vorheizen. Ein Backblech mit Backpapier auslegen.

4. Den Teig nach Ablauf der Kühlzeit aus dem Kühlschrank nehmen und auf einer leicht mit Mehl bestreuten Arbeitsfläche mit dem Nudelholz ca. 5 mm dick ausrollen. Dann mit einem runden Keksausstecher, der etwas größer als ein Toffifee sein sollte, kleine Kreise aus dem Teig ausstechen und mit etwas Abstand zueinander auf das vorbereitete Backblech legen. Auf jeden Teigkreis ein Toffifee geben, jeweils mit der »flachen« Seite nach unten.

5. Das steif geschlagene Eiweiß in einen Spritzbeutel mit feiner Tülle füllen und die Toffifees von unten nach oben spiralförmig mit dem Baiser bedecken. Ca. 18 Minuten im Ofen backen. Herausnehmen und auf dem Blech einige Minuten abkühlen lassen. Am besten noch warm genießen, solange die Toffifee-Füllung schön weich und cremig ist!

Butterbier

ZUTATEN FÜR 4 BUTTERBIERE

1 TL Butter
2 EL Rohrzucker
1 Vanilleschote
500 ml Milch
100 ml Sahne
1 EL Zimt
½ EL Kakaopulver
½ Päckchen Vanillezucker
250 ml Malzbier

1. In einem Topf bei niedriger Hitze die Butter schmelzen. Den Rohrzucker hinzufügen und unter ständigem Rühren leicht karamellisieren lassen.

2. Die Vanilleschote mit einem scharfen Messer der Länge nach aufschneiden und das Mark herauskratzen. Die ausgekratzte Schote und das Vanillemark mit der Milch, der Hälfte der Sahne, dem Zimt, dem Kakaopulver und dem Vanillezucker in den Topf geben. Alles gründlich vermengen und kurz köcheln lassen. Den Topf dann vom Herd nehmen und das Malzbier einrühren.

3. Das Butterbier noch einmal kurz erwärmen, aber keinesfalls kochen, da sich sonst Flöckchen bilden! Vom Herd nehmen und etwas abkühlen lassen.

4. Derweil die restliche Sahne steif schlagen.

5. Das warme Butterbier in hitzebeständige Gläser füllen und jeweils mit einem Löffel Schlagsahne krönen. Sofort servieren.

Mürbeteig-Heuler

ZUTATEN FÜR CA. 5 HEULER

Für den Teig:

200 g kalte Butter, in kleinen Stücken

100 g Zucker

1 Spritzer Zitrone

1 Prise Salz

1 Ei

300 g Mehl

½ Päckchen Vanillezucker

50 g Sauerkirschkonfitüre

Für die Dekoration:

20 g Kuvertüre

Etwas Backkakao

5 schwarze Smarties

20 g roter Fondant

Außerdem erforderlich:
ein C6-Briefumschlag als Schablone, vollständig auseinandergefaltet. Hierzu alle Ecken und Klebestellen lösen. Dann auf ein Stück Pappe legen, mit einem Filzstift die Umrisse nachziehen und ausschneiden, um eine solide Schablone für die Keksumschläge zu erhalten.

1. Die Butter, den Zucker, die Zitrone, das Salz, das Ei und den Vanillezucker in eine Schüssel geben und mit einem Handrührgerät mit Knethakenaufsatz durcharbeiten. Das Mehl durch ein Sieb hinzufügen und zu einem glatten Teig verarbeiten. In vier gleich große Stücke teilen, zu flachen »Ziegeln« formen, einzeln in Frischhaltefolie wickeln und für mindestes 3 Stunden in den Kühlschrank geben. Derweil den Backofen auf 170 °C Ober-/Unterhitze vorheizen und ein Backblech mit Backpapier auslegen.

2. Den Teig 10 Minuten vor dem Verarbeiten aus dem Kühlschrank nehmen. Die Arbeitsfläche mit etwas Mehl bestreuen und den Teig so dünn wie möglich zu einem Quadrat ausrollen. Die Schablone mittig auf den Teig legen und die Konturen nachschneiden. Mit dem Rücken eines großen Messers oder einer Teigkarte die Umschlagränder ein wenig eindrücken, sodass ein Rechteck in Postkartengröße erkennbar ist. Mittig auf diesem Rechteck gleichmäßig 1 TL Sauerkirschkonfitüre verstreichen. Dann den Umschlag sorgfältig »falten«. Zur besseren Orientierung ggf. den richtigen Briefumschlag zur Rate ziehen.

3. Den Teigumschlag vorsichtig auf eine leicht mit Mehl bestäubte Arbeitsfläche legen und mit einer Winkelpalette glattstreichen. Auf dieselbe Weise die übrigen Umschläge falten, mit genügend Abstand zueinander auf das vorbereitete Backblech legen und ca. 15-20 Minuten backen. Aus dem Ofen nehmen und vollständig abkühlen lassen.

4. Sind die Umschläge vollständig abgekühlt, aus schwarzem Fondant die Augen und aus rotem Fondant die Münder der Heuler formen. Mit etwas geschmolzener Schokolade auf den Briefen befestigen. Schließlich mit einem kleinen Pinsel und etwas Backkakao die Kanten abpudern, um die Konturen der Heuler noch mehr zu betonen.

Bertie Botts Bohnen jeder Geschmacksrichtung

**ZUTATEN
FÜR CA. 400 G BOHNEN**

100 ml Wasser
zzgl. 2 EL für die Glasur
100 ml Fruchtsirup, nach Wahl
250 g superfeiner Zucker
8 g gemahlene Gelatine
5 Tropfen Lebensmittelfarbe, nach Wahl
100 g Puderzucker

Außerdem erforderlich:
zwei Miniostereier-Silikonformen, Zuckerthermometer, Kochspray

1. 100 ml Wasser, den Fruchtsirup und den Zucker in einen Topf geben und bei niedriger Hitze unter behutsamem Rühren so lange erwärmen, bis sich der Zucker vollständig aufgelöst hat. Dann die gemahlene Gelatine einrühren.

2. Unter ständigem Rühren so lange erwärmen, bis der Zuckersirup eine Temperatur von 110 °C erreicht (ca. 20 Minuten). Hierbei größte Vorsicht walten lassen, da der Sirup sehr heiß ist und Spritzer auf der Haut schwere Verbrennungen verursachen können! Regelmäßig mit einem Zuckerthermometer die Temperatur prüfen!

3. Die Silikonformen großzügig mit dem Kochspray einsprühen.

4. Sobald der Sirup die notwendige Temperatur erreicht hat, die Lebensmittelfarbe in der gewünschten Farbe einrühren und den Zuckersirup gleichmäßig in die Mulden der Silikonformen füllen. Die Oberseiten mit einem Kochspatel glattstreichen, die Formen mit Frischhaltefolie umwickeln und über Nacht trocknen lassen.

5. In einer kleinen Schüssel den Puderzucker mit 2 EL Wasser glattrühren. Die »Eierhälften« aus den Formen lösen. Die »Schnittflächen« der »Eierhälften« mit der Glasur bepinseln, jeweils zwei zusammenkleben und 30 Minuten trocknen lassen. In einem luftdicht verschließbaren Behältnis lagern.

Mit diesem Rezept könnt ihr Bertie Botts Bohnen in jeder beliebigen Farbe und Geschmacksrichtung herstellen! Alles, was ihr hierfür ändern müsst, sind der verwendete Fruchtsirup und die Lebensmittelfarbe!

Vielsaftwackelpudding

ZUTATEN FÜR 4 PORTIONEN

9 Blatt Gelatine
750 ml klarer Apfelsaft
7 Stiele frischer Waldmeister, fein gehackt
Grüne Lebensmittelfarbe

1. Die Blattgelatine in einer kleinen Schüssel mit kaltem Wasser einweichen.

2. Den Apfelsaft und den fein gehackten Waldmeister in einen Topf geben und bei niedriger Hitze ein bisschen erwärmen. Achtung: Nicht aufkochen! Einige Minuten ziehen lassen und durch ein Küchensieb abgießen.

3. Den warmen Apfelsaft zurück in den Topf füllen. Die Gelatine ausdrücken, mit in den Topf geben und so lange mit dem Schneebesen verrühren, bis sie sich vollständig aufgelöst hat. Nun mit der Lebensmittelfarbe Vielsafttrankgrün einfärben, in kleine Gläser oder Schüsseln gießen und für mindestens sechs Stunden im Kühlschrank kaltstellen.

4. Unmittelbar vor dem Servieren behutsam auf flache Teller stürzen.

Dudley Dursleys Donuts

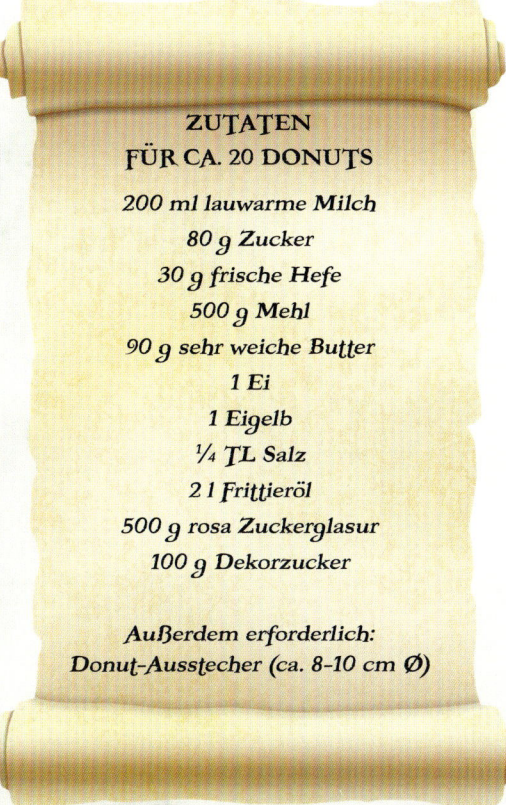

**ZUTATEN
FÜR CA. 20 DONUTS**

200 ml lauwarme Milch
80 g Zucker
30 g frische Hefe
500 g Mehl
90 g sehr weiche Butter
1 Ei
1 Eigelb
¼ TL Salz
2 l Frittieröl
500 g rosa Zuckerglasur
100 g Dekorzucker

Außerdem erforderlich:
Donut-Ausstecher (ca. 8-10 cm Ø)

1. Die Hälfte der Milch in eine kleine Schüssel füllen. Einen TL des Zuckers hinzufügen, die Hefe zerbröseln, mit in die Milch geben und unter stetem Rühren auflösen.

2. Das Mehl in eine Rührschüssel geben und eine Mulde hineindrücken. Die Hefemilch in diese Mulde geben und mit etwas Mehl vom Rand vermischen. Mit einem sauberen Geschirrtuch abdecken und an einem warmen Ort zehn Minuten ruhen lassen.

3. Die Butter, das Ei, das Eigelb und das Salz hinzugeben und alles fünf Minuten lang zu einem geschmeidigen, weichen Teig verkneten. An einem warmen Ort abgedeckt 50 Minuten gehen lassen.

4. Zwei Backbleche mit Backpapier auslegen.

5. Die Arbeitsfläche mit etwas Mehl bestreuen und den Teig mit einem Nudelholz ca. 1 cm dick ausrollen. Mit einem Donut-Ausstecher Kreise aus dem Teig ausstechen. Falls ihr gerade keinen entsprechenden Ausstecher zur Hand habt, könnt ihr auch einfach ein Trinkglas und ein etwas kleineres Schnapsglas verwenden, um erst das Teigrund und dann das Loch im Innern des Donuts auszustechen.

6. Die Donuts mit genügend Abstand zueinander auf die vorbereiteten Backbleche legen, abdecken und nochmals 30 Minuten ruhen lassen.

7. Währenddessen das Frittieröl in einem großen Topf auf 160 °C erhitzen und einen großen, flachen Teller mit Küchenpapier auslegen. Die Donuts dann nach und nach (nicht zu viele auf einmal!) jeweils 1-2 Minuten pro Seite goldbraun frittieren, mit einer Schaumkelle aus dem Öl nehmen und auf dem Küchenpapier abtropfen lassen.

8. Die Donuts einige Minuten abkühlen lassen, mit der Zuckerglasur überziehen und nach Belieben mit dem Dekorzucker verzieren.

Flüssiger Apfelstrudel

ZUTATEN FÜR 10 SHOTS

50 g Schlagsahne
Etwas Eis
100 ml Wodka
200 ml Apfelsaft
100 ml Licor 43 (Vanillelikör)
2 EL Limettensaft
Zimtpulver, nach Belieben
Essbarer Goldstaub, nach Belieben

Außerdem erforderlich:
10 große Schnapsgläser
(à 4 cl Fassungsvermögen)

1. Die Sahne in einer kleinen Schüssel mit einem Handrührgerät mit Schneebesen steif schlagen.

2. Einen Cocktailshaker zu ⅓ mit Eis füllen. Den Wodka, den Apfelsaft, den Vanillelikör und den Limettensaft hinzufügen und 5-10 Sekunden kräftig schütteln.

3. Den flüssigen Apfelstrudel gleichmäßig in die Schnapsgläser abseihen. Dabei am oberen Rand jeweils ca. 1 cm Platz lassen.

4. Die Schlagsahne in einen Gefrierbeutel mit abgeschnittener Ecke geben und jeweils ein bisschen davon auf den flüssigen Apfelstrudel spritzen. Nach Belieben mit Zimt und essbarem Goldstaub verzieren. Die Shots dann zeitnah so genießen, wie es sich gehört, also ex und hopp!

Wer es sich einfacher machen will, kann auch fertige Sprühsahne verwenden. Die fällt allerdings wesentlich schneller in sich zusammen als frische Schlagsahne.

Waffeln mit Butterbiersoße

ZUTATEN FÜR CA. 10 WAFFELN

Für die Waffeln:

125 g weiche Butter (alternativ Margarine) zzgl. noch etwas mehr, zum Einfetten des Waffeleisens

80 g Zucker

1 Päckchen Vanillezucker

3 Eier

1 Prise Salz

350 g Mehl

1 Päckchen Backpulver

250 ml Milch

Für die Butterbiersoße:

200 g Zucker

60 ml Malzbier

180 g Sahne

1 ml Butter-Vanille-Extrakt (z. B. von Dr. Oetker)

Etwas Vanillemark (optional)

Außerdem erforderlich: Waffeleisen

Die Waffeln zubereiten:

1. Die Butter zusammen mit dem Zucker, dem Vanillezucker, den Eiern und dem Salz in eine Rührschüssel geben und mit einem elektrischen Handrührgerät schaumig schlagen.

2. In einer Schüssel das Mehl mit dem Backpulver vermengen und nach und nach, immer ein bisschen auf einmal, die Milch unterrühren.

3. Das Waffeleisen oben und unten leicht mit Butter einfetten und vorheizen.

4. Mit einer Schöpfkelle die erforderliche Menge Teig hineingeben, gleichmäßig verteilen, das Waffeleisen schließen und nach Herstellerangaben die Waffeln so lange ausbacken, bis sie schön goldbraun und knusprig sind. Dann vorsichtig herausnehmen und möglichst zeitnah zusammen mit der Butterbiersoße (siehe unten) servieren.

Die Butterbiersoße zubereiten:

5. Den Zucker und das Malzbier in einen Topf geben und unter stetem Rühren bei mittlerer Hitze aufkochen. So lange köcheln lassen, bis sich der Zucker vollständig aufgelöst hat, die Flüssigkeit komplett verdampft ist und ihr ein zähflüssiges Karamell habt.

6. Vom Herd nehmen und unter stetem Rühren die Sahne untermischen. Das Butter-Vanille-Extrakt und ggf. ein bisschen ausgekratztes Vanillemark hinzufügen, alles gründlich miteinander vermischen und vor dem Verwenden einige Minuten abkühlen lassen.

Butterbier-Popcorn

ZUTATEN FÜR 4 PORTIONEN

1 EL Rapsöl
100 g Popcornmais
100 g Zucker
2 EL Butter
1-2 ml Butter-Vanille-Extrakt
(z. B. von Dr. Oetker)

1. Das Rapsöl zusammen mit dem Popcornmais bei mittlerer Hitze unter stetem Rühren in einem flachen Topf erhitzen. Sobald der Mais anfängt aufzupoppen, den Deckel auf den Topf setzen und die Hitze auf niedrig reduzieren. Den Topf hin und wieder an den Henkeln anheben und das Popcorn schwenken.

2. Sobald das Popcorn vollständig aufgepoppt ist, vom Herd nehmen und den Deckel abheben. Das Popcorn zum Abkühlen in eine große Schüssel geben.

3. Derweil den Zucker in einen kleinen Topf geben und bei mittlerer Hitze unter gelegentlichem Rühren karamellisieren lassen. Sobald der Zucker braun ist, die Butter und das Butter-Vanille-Extrakt dazugeben und alles gut verrühren. Die Hitze auf niedrig reduzieren, das abgekühlte Popcorn in das Butterbierkaramell geben und schwenken, um das Popcorn gleichmäßig damit zu überziehen.

4. Auf einem mit Backpapier ausgelegten Backblech verteilen und vor dem Verzehr etwas abkühlen lassen.

Butterbierpudding

ZUTATEN
FÜR CA. 8 PORTIONEN

Für den Butterbierpudding:
2 Päckchen Karamell-Puddingpulver
120 g Zucker
800 ml Milch
200 g Schlagsahne
1-2 ml Butter-Vanille-Extrakt
(z. B. von Dr. Oetker)

Für die Vanillesoße:
2 Eier
1 gehäufter TL Speisestärke
200 ml Sahne
400 ml Milch
3 EL Zucker
1 Vanilleschote, ausgekratzt

Außerdem erforderlich:
große Pudding-Sturzform
(1 l Fassungsvermögen)

Den Butterbierpudding zubereiten:

1. In einer Schüssel das Puddingpulver mit dem Zucker vermischen.

2. In einer separaten Schüssel die Milch mit der Sahne vermischen. Nach und nach mindestens 6 EL von der Mixtur in das Puddingpulver geben und das Ganze glattrühren.

3. Die übrige Milch-Sahne-Mischung zusammen mit dem Butter-Vanille-Extrakt in einem Topf bei mittlerer Hitze unter regelmäßigem Rühren aufkochen. Dann vom Herd nehmen, das Puddingpulver hinzugeben und unter stetem Rühren für mindestens eine Minute kochen.

4. Den Pudding in eine kalt ausgespülte Sturzform geben und mindestens 4 Stunden im Kühlschrank kaltstellen.

5. Den Butterbierpudding zum Anrichten behutsam aus der Form auf einen Servierteller stürzen. Mit warmer oder kalter Vanillesoße servieren (siehe unten).

Die Vanillesoße zubereiten:

6. Die Eier kurz mit einem elektrischen Handrührgerät aufschlagen. Die Speisestärke und die Sahne dazugeben und nochmals flüchtig durchschlagen.

7. In einem kleinen Topf bei mittlerer Hitze unter regelmäßigem Rühren die Milch, den Zucker und das ausgekratzte Vanillemark aufkochen. Dann die Sahne-Eier-Mischung mit einem Schneebesen in die Milch einrühren und alles kurz aufkochen.

8. Vom Herd nehmen und vor dem Servieren einige Minuten abkühlen lassen. Falls ihr die Vanillesoße kalt genießen wollt, vor dem Verwenden mindestens eine Stunde in den Kühlschrank stellen.

Schmelzen-im-Mund-Schneeflocken

**ZUTATEN
FÜR CA. 50 G SCHNEEFLOCKEN**

1 TL Kokosöl

4 Tropfen Pfefferminzöl
(Lebensmittelqualität)

50 g Traubenzucker

1. Das Kokosöl in einer kleinen Schüssel in der Mikrowelle ein wenig erwärmen, damit es flüssig wird.
2. Das Pfefferminzöl in das Kokosöl geben und verrühren.
3. Den Traubenzucker in eine separate kleine Schale geben und nach und nach das Kokos-Pfefferminzöl hinzufügen. Gründlich miteinander vermischen, damit ein konsistenter, leicht klumpiger »Schnee« entsteht. Einige Minuten trocknen lassen.
4. In einem luftdicht verschließbaren Behältnis aufbewahren.

Butterbiereis

Zutaten
für 2-3 Portionen

200 g Zucker
60 ml Malzbier
180 g Schlagsahne
2 ml Butter-Vanille-Extrakt
(z. B. von Dr. Oetker)
Etwas Vanillemark, nach Belieben
Schokoraspeln, als Garnitur
Butterbiersoße, als Garnitur
(siehe S. 34)

Außerdem erforderlich:
Eismaschine

1. Den Zucker und das Malzbier in einen Topf geben und unter stetem Rühren bei mittlerer Hitze aufkochen. So lange köcheln lassen, bis sich der Zucker vollständig aufgelöst hat, die Flüssigkeit komplett verdampft ist und ihr ein zähflüssiges Karamell habt.

2. Vom Herd nehmen und unter stetem Rühren die Sahne untermischen. Das Butter-Vanille-Extrakt und etwas ausgekratztes Vanillemark hinzufügen. Alles gründlich miteinander vermischen, bis eine geschmeidige Creme entsteht. Einige Minuten abkühlen lassen und anschließend zum vollständigen Abkühlen in den Kühlschrank stellen (ca. 2-3 Stunden).

3. Die kalte Butterbiermasse gut durchrühren, in eine Eismaschine geben und nach Herstelleranleitung verarbeiten. Bis zum Gebrauch in einem luftdicht verschließbaren Behältnis im Gefrierfach lagern.

4. Nach Belieben mit Schokoraspeln und/oder Butterbiersoße garniert servieren.

Tante Petunias Schokokuchen

**ZUTATEN
FÜR 1 KUCHEN**

Butter, zum Einfetten der Backform
200 g Weizenmehl
2 EL Kakaopulver
1 Päckchen Backpulver
200 g weiche Butter
175 g Zucker
1 Prise Salz
4 Eier, zimmerwarm
600 g Sauerkirschen
(aus dem Glas), abgetropft
100 g Schokoraspeln
Puderzucker
Frische Johannisbeeren, als Garnitur

Außerdem erforderlich:
Springform (ca. 25 cm Ø)

1. Den Ofen auf 180 °C Ober-/Unterhitze vorheizen. Den Boden einer Springform mit Backpapier auslegen und den Rand gut mit Butter einfetten.

2. In einer Schüssel das Weizenmehl, das Kakaopulver und das Backpulver miteinander vermischen.

3. In einer separaten Schüssel mit einem elektrischen Handrührgerät die Butter mit dem Zucker und dem Salz weiß aufschlagen. Dann eins nach dem anderen die zimmerwarmen Eier einarbeiten und das Ganze fluffig schlagen. Die Kakao-Mehl-Mischung hinzufügen und auf kleinster Stufe vermengen, bis eine homogene Masse entsteht. Die abgetropften Kirschen und die Schokoraspeln mit in den Teig geben und unterheben. In die vorbereitete Springform füllen, die Oberseite glattstreichen und ca. 50 Minuten im vorgeheizten Ofen backen bzw. so lange, bis an einem Zahnstocher, den man in die Mitte des Kuchens pikst, beim Herausziehen nichts mehr kleben bleibt. Den Kuchen dann aus dem Ofen nehmen und in der Form vollständig auskühlen lassen.

4. Schließlich behutsam aus der Form lösen, mit Puderzucker bestreuen und mit frischen Johannisbeeren garniert servieren.

Marmeladenkrapfen

ZUTATEN FÜR CA. 12 KRAPFEN

Für den Teig:
1 Würfel Hefe
180 ml lauwarme Milch
40 g Zucker zzgl. 100 g mehr, zum Wälzen der Krapfen nach dem Ausbacken
10 g Salz
500 g Mehl zzgl. noch etwas mehr, zum Bestreuen der Arbeitsfläche
50 g zimmerwarme Butter
2 Eier, bei Zimmertemperatur
Etwas abgeriebene Zitronenschale

Für die Füllung:
50 g Blaubeerkonfitüre
50 g Kirschkonfitüre
100 g Aprikosenkonfitüre
Grüne Lebensmittelfarbe

Außerdem erforderlich:
Frittieröl, Spritzbeutel mit langer, dünner Lochtülle

Den Teig zubereiten:

1. Die Hefe in einer Schüssel in der lauwarmen Milch auflösen und mit etwas Zucker verrühren. Zehn Minuten stehen lassen, bis die Hefe anfängt zu gären.

2. Nun alle Zutaten für den Teig in die Hefemilch geben und kräftig zu einem glatten Teig verkneten, der nicht mehr am Schüsselrand klebt. Hierzu eventuell noch etwas Mehl hinzufügen. Das Ganze zu einer Teigkugel formen und abgedeckt mit einem sauberen Geschirrtuch in der Schüssel an einen warmen Ort so lange gehen lassen, bis sich das Volumen des Teigs verdoppelt hat (ca. 1 Stunde).

3. Den Teig nochmals auf einer mit Mehl bestreuten Arbeitsfläche durchkneten und daraus ein Dutzend jeweils ca. 50 g schwerer Kugeln formen. Die Teigkugeln auf einen flachen Teller legen und an einem warmen Ort zugedeckt ca. 30 Minuten gehen lassen.

4. Währenddessen eine Fritteuse auf 160 °C erhitzen oder alternativ drei Fingerbreit Frittieröl in einen großen Topf füllen und erwärmen, bis das Öl siedet. Mit einem Schaumlöffel vorsichtig die Krapfen in das heiße Öl geben, mit jeweils ausreichend Abstand zueinander. Maximal drei Krapfen gleichzeitig ausbacken, damit die Temperatur des Öls nicht zu stark sinkt. Die Teigstücke hierbei mit der Oberseite nach unten in das siedende Ausbackfett geben. Von beiden Seiten goldbraun backen und herausnehmen. Kurz mit Küchenpapier das überschüssige Fett abtupfen und die Krapfen noch heiß auf einem flachen Teller in Zucker wälzen. Auf einem Kuchengitter erkalten lassen; erst danach die Füllung hineinspritzen (siehe unten).

Die Füllung zubereiten:

5. Die verschiedenen Konfitüren durch ein Sieb in separate kleine Schüsseln streichen. Die Hälfte der Aprikosenkonfitüre abnehmen und mit der grünen Lebensmittelfarbe einfärben. Dann die verschiedenfarbigen Konfitüren jeweils in einen Spritzbeutel mit einer langen, dünnen Lochtülle geben und in jeden der abgekühlten Krapfen seitlich etwas Füllung spritzen, sodass ihr am Ende Marmeladenkrapfen mit Füllungen in den Farben der vier Häuser von Hogwarts habt.

Hedwig die Muffin-Eule

**ZUTATEN
FÜR 12 MUFFIN-EULEN**

Für den Teig:
30 g weiche Butter
120 g Erdnussbutter
1 Päckchen Vanillezucker
130 g Rohrzucker
2 Eier
1 Prise Salz
1 TL Backpulver
130 g Mehl
70 ml Milch

Für die Creme:
130 g Butter, bei Zimmertemperatur
130 g Puderzucker
130 g Frischkäse, bei Zimmertemperatur

Für die Dekoration
24 Oreo-Kekse oder andere Schokoladenkekse mit Vanillefüllung
24 schwarze Schokolinsen
12 orangefarbene Schokolinsen

Außerdem erforderlich:
12er-Muffinblech,
zwölf Muffin-Papierförmchen

1. Den Backofen auf 180 °C Ober-/Unterhitze vorheizen. Ein 12er-Muffinblech mit Papierförmchen bestücken.

2. Die Butter, die Erdnussbutter, den Vanillezucker und den Rohrzucker in einer Schüssel schaumig schlagen. Eins nach dem anderen die Eier unterrühren, das Salz dazugeben und alles gründlich vermischen.

3. In einer separaten Schüssel das Backpulver mit dem Mehl vermischen und sieben. Dann abwechselnd die Mehl-Backpulver-Mischung und die Milch hinzugeben und beständig weiter rühren, bis ein cremiger Teig entsteht. Gleichmäßig auf die Muffinförmchen verteilen und auf mittlerer Schiene 20 Minuten im Ofen backen. Herausnehmen und in der Form vollständig auskühlen lassen.

4. In der Zwischenzeit die Butter und den Puderzucker hell und luftig aufschlagen. Den Frischkäse unterrühren und zum Abkühlen für 30 Minuten in den Kühlschrank stellen.

5. Die Muffins behutsam aus dem Backblech lösen.

6. Die abgekühlte Creme in einen Spritzbeutel geben und gleichmäßig auf die Muffins spritzen.

7. Die Kekshälften vorsichtig voneinander trennen, sodass die Vanillefüllung auf einer Hälfte »kleben« bleibt. Die andere Hälfte mittig durchschneiden. Die »ganzen« Kekshälften mit der Füllung nach oben als Augen behutsam in die warme Creme tunken. Dann je eine schwarze Schokolinse als »Auge« anbringen. Die halben Kekse als »Augenbrauen« in die Creme drücken. Als Schnabel jeweils eine orangefarbene Schokolinse schräg in der Creme platzieren. Einige Minuten fest werden lassen.

Pfefferminzbonbons

**ZUTATEN
FÜR CA. 50-80 BONBONS
(JE NACH GRÖSSE)**

150 ml Wasser
450 g Zucker
80 g Traubenzucker
3-4 Tropfen Pfefferminzöl
Grüne Lebensmittelfarbe
Puderzucker

Außerdem erforderlich:
Zuckerthermometer, Silikonmatte

1. Das Wasser, den Zucker und den Traubenzucker in einen kleinen Topf geben und bei mittlerer Hitze so lange verrühren, bis sich der Zucker vollständig aufgelöst hat. Dann die Hitze erhöhen und ab sofort nicht mehr weiter umrühren! Mit einem Zuckerthermometer die Temperatur kontrollieren, bis das Ganze genau 155 °C misst. Vom Herd nehmen und auf eine hitzebeständige Unterlage stellen.

2. Zügig das Pfefferminzöl und (je nach gewünschter Farbintensität) die Lebensmittelfarbe unterrühren.

3. Die Masse vorsichtig auf die Silikonmatte gießen. Achtung: Sehr heiß! 1-2 Minuten ruhen lassen, damit das Ganze etwas fester wird. Dann mit einem Teigschaber oder einem leicht gefetteten Messer die späteren Bruchstellen in die Bonbonmasse drücken.

4. Unabgedeckt vollständig trocknen lassen. Anschließend an den Bruchstellen mit den Händen in einzelne Bonbons aufbrechen.

5. Den Puderzucker in eine Schüssel geben und die Pfefferminzbonbons so darin wälzen, dass sie ringsum damit bedeckt sind. In einem luftdicht verschließbaren Behältnis aufbewahren.

Butterbier-Fudge

**ZUTATEN
FÜR CA. 12 PORTIONEN**

25 g Butter
100 ml Malzbier
150 g Zucker
400 g Kondensmilch, gezuckert
1 kräftige Prise Salz

Außerdem erforderlich:
eine möglichst flache, rechteckige
Auflaufform (ca. 23 x 29 cm)

1. Eine Auflaufform so mit Backpapier auslegen, dass das Papier an den Seiten übersteht. Mit etwas von der Butter einfetten.

2. Die übrige Butter, das Malzbier und den Zucker in einem Topf unter stetem Rühren bei mittlerer Hitze zum Kochen bringen. Die Kondensmilch und das Salz mit einem Schneebesen unterrühren. Mindestens 20 Minuten sanft köcheln lassen; dabei regelmäßig umrühren, damit nichts anbrennt.

3. So lange köcheln lassen, bis die Masse zusehends dickflüssiger wird und die typische Karamellfärbung annimmt. Hat die Masse schließlich die Konsistenz von cremigem, festerem Honig, vorsichtig in die Auflaufform füllen, die Oberseite glattstreichen und bei Zimmertemperatur vollständig abkühlen lassen (ca. 3-4 Stunden).

4. Vor dem Aufschneiden für ca. 20 Minuten ins Gefrierfach geben, damit das Fudge beim Anfassen nicht klebt. Dann vorsichtig aus der Form auf ein Brett stürzen und mit einem großen, scharfen Messer in mundgerechte Stücke schneiden. In einem luftdicht verschließbaren Behälter lagern.

Wer sein Butterbier-Fudge noch ein bisschen »aufpeppen« möchte, gibt einfach einen guten Schuss Rum mit in den Teig!

Dumbledores Lieblingstee

ZUTATEN
4–5 KANNEN TEE

20 g Pfefferminze
10 g Zitronenverbene
10 g Oregano (Blüten und Blätter)
10 g gemischte Blüten (z. B. Holunder-, Malven-, Ringelblumen)
1 EL geraspeltes Süßholz
1 Vanilleschote, in kleinen Stücken
100 g Schwarzer Tee
Honig (optional)

1. Ein Backblech mit Backpapier auslegen. Die Pfefferminze, die Zitronenverbene, den Oregano und die gemischten Blüten darauf verteilen. Entweder mehrere Tage an einem warmen, trockenen Ort trocknen lassen oder bei 60 °C ca. 3 Stunde im Backofen trocken. Dann sorgfältig die Blätter und die Blüten abzupfen; den Rest entsorgen.

2. Die getrockneten Kräuter mit Mörser und Stößel grob mahlen.

3. In einer kleinen Schüssel das geraspelte Süßholz und die Vanilleschote mit dem Schwarzen Tee vermischen. Die gemahlenen Kräuter dazugeben und alles miteinander vermengen.

4. Zur Zubereitung des Tees 4–5 TL in ein Teeei geben, in die Kanne hängen, mit kochendem Wasser aufgießen und maximal 5 Minuten ziehen lassen. Dann das Teeei herausnehmen und sofort servieren. Den Tee dabei am besten durch ein feines Sieb in die Tassen füllen, um sicherzugehen, dass keine Rückstände mit hineingeraten. Nach Belieben mit etwas Honig süßen.

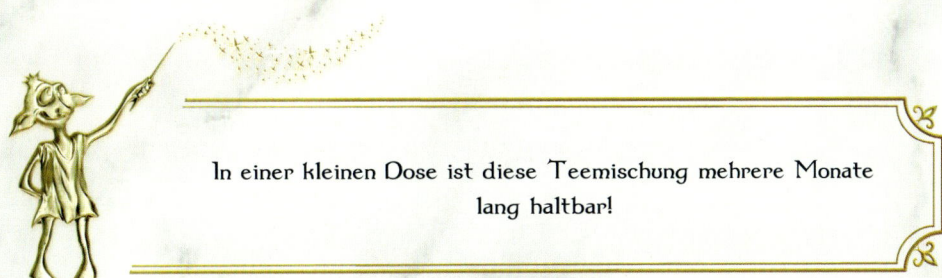

In einer kleinen Dose ist diese Teemischung mehrere Monate lang haltbar!

Kürbissaft

**ZUTATEN
FÜR CA. 2 L KÜRBISSAFT**

500 g Kürbis, grob gewürfelt
200 g Rohrzucker
1½ l Wasser
1 Päckchen Zitronensäure
10 ml Aprikosenaroma
1 EL Vanilleextrakt
Mineralwasser, mit Kohlensäure
(optional)

Außerdem erforderlich:
zwei leere Flaschen (à 1 l)

1. Den Backofen auf 175 °C vorheizen. Ein Backblech mit Backpapier auslegen.

2. Die Kürbiswürfel mit Alufolie umwickeln, auf das Blech geben und ca. 20 Minuten im Backofen garen, bis der Kürbis weich ist und sich die Schale leicht vom Fleisch lösen lässt. Das Kürbisfleisch in eine Schüssel geben und mit einem Stabmixer fein pürieren.

3. Das Kürbispüree zusammen mit dem Zucker und dem Wasser in einen großen Topf geben. Zum Kochen bringen und bei schwacher Hitze unter stetem Rühren ca. 20 Minuten köcheln lassen. Die Zitronensäure, das Aprikosenaroma und das Vanilleextrakt unterrühren, alles gut vermischen und in zwei heiß ausgespülte 1 l-Flaschen füllen. Die Flaschen gut verschließen und im Kühlschrank lagern. Gut gekühlt ist der Kürbissaft 3-4 Tage haltbar.

4. Sollte der Kürbissaft euch zu dickflüssig sein, unmittelbar vor dem Gebrauch mit etwas Mineralwasser vermischen!

Im Gegensatz zu den meisten anderen Kürbissaft-Rezepten ist dieses hier süßlich statt herzhaft und schmeckt am besten gut gekühlt!

Eulenpops

ZUTATEN
FÜR CA. 35 EULENPOPS

250 g weiche Butter
zzgl. etwas mehr, zum Einfetten
der Form
150 g Zucker
1 Päckchen Vanillezucker
1 Prise Salz
3 Eier
150 g Mehl
2 TL Backpulver
2 EL Milch
125 g Frischkäse
250 g weiße Schokolade, grob gehackt
250 g Puderzucker
4 EL Wasser

Außerdem erforderlich:
ca. 35 Cakepop-Stiele, Dekor-Zuckeraugen, orangefarbener Lebensmittelstift, weißer Lebensmittelstift, Cakepop-Ständer, Backform (beliebig)

Den Kuchen zubereiten:

1. Den Backofen auf 180 °C Ober-/Unterhitze vorheizen. Eine beliebige Backform mit Butter einfetten.

2. Die weiche Butter, den Zucker, den Vanillezucker und das Salz in eine Rührschüssel geben und cremig schlagen. Eins nach dem anderen die Eier einarbeiten.

3. In einer kleinen Schüssel das Mehl mit dem Backpulver vermischen und durch ein Sieb mit in den Teig geben. Die Milch hinzufügen und das Ganze eine Minute lang auf niedriger Stufe durcharbeiten. Den Teig dann in die eingefettete Backform füllen, die Oberseite glattstreichen und ca. 45 Minuten backen. Herausnehmen und in der Form vollständig abkühlen lassen.

Die Eulenpops zubereiten:

4. Die festen, dunklen Ränder des abgekühlten Kuchens ringsum abschneiden. Den Kuchen in eine große Schüssel geben und fein zerbröseln. Den Frischkäse hinzufügen und mit den Händen alles gut vermischen.

5. Aus der klebrigen Kuchenmasse ca. 3-4 cm große Bällchen rollen, mit den Fingern vorsichtig jeweils zwei kleine, spitze Ohren formen, an der Unterseite jeweils einen Cakepop-Stiel hineinschieben und mit etwas Abstand zueinander auf einen großen, flachen Teller geben. Für eine Stunde in den Kühlschrank stellen.

6. In der Zwischenzeit über einem Wasserbad die weiße Schokolade schmelzen. Dann jeweils eine »Teig-Eule« am Stiel in die flüssige Schokolade tauchen und ringsum damit überziehen. Behutsam alle überschüssige Schokolade abgetropft lassen. In einen Cakepop-Ständer stellen und wieder zurück in den Kühlschrank geben, bis die Schokolade getrocknet ist.

7. Derweil den Puderzucker in eine kleine Schüssel geben, nach und nach das Wasser hinzufügen und glattrühren. Die Eulenpops dann jeweils zweimal schräg in den Zuckerguss tauchen, sodass ein weißer Kopf und Flügel entstehen (siehe Bild). In den Cakepop-Ständer stellen und ca. 2-3 Minuten trocknen lassen.

8. Die Dekor-Zuckeraugen auf der noch klebrigen Glasur anbringen. Vollständig trocknen lassen. Zuletzt nach Belieben mit den Lebensmittelstiften verzieren.

Butterbier-Macarons

**ZUTATEN
FÜR CA. 35–40 MACARONS
(JE NACH GRÖSSE)**

Für die Macaron-Schalen:
150 g geschälte, gemahlene Mandeln
290 g Puderzucker
30 g Kakaopulver
135 g Eiweiß (von 4–5 Eiern,
bei Zimmertemperatur)
1 Prise Salz
40 g Zucker
Braune Lebensmittelfarbe,
nach Belieben

Für die Butterbier-Füllung:
200 g Zucker
100 g Butter
100 g Schlagsahne
70 ml Malzbier
½ TL Salz, nach Belieben

Außerdem erforderlich:
Spritzbeutel mit breiter Lochtülle

Die Macaron-Schalen herstellen:

1. Die gemahlenen Mandeln in einer kleinen Schüssel mit dem Puderzucker und dem Kakaopulver vermischen und zweimal fein sieben.

2. Das Eiweiß mit dem Salz steif schlagen. Nach und nach den Zucker einrieseln lassen und weiter durcharbeiten, bis eine geschmeidige, glänzende Creme entsteht. Die braune Lebensmittelfarbe hinzugeben und anschließend in drei Schüben die Mandelmischung unter das eingefärbte Eiweiß heben, bis eine homogene, zähflüssige Masse entsteht, die nicht zu flüssig, aber auch nicht zu fest ist.

3. Die Macaron-Masse in einen Spritzbeutel mit breiter Lochtülle füllen und kleine, münzgroße Teigkleckse auf ein mit Backpapier ausgelegtes Backblech setzen. 30 Minuten ruhen lassen bzw. so lange, bis sich auf den Macarons eine feine »Haut« bildet.

4. Derweil den Backofen auf 150 °C Ober-/Unterhitze vorheizen.

5. Die Ofentemperatur dann auf 145 °C reduzieren und die Macarons ca. 14–16 Minuten backen.

6. Die Macaron-Schalen aus dem Ofen nehmen, zusammen mit dem Backpapier vorsichtig vom Blech auf eine kalte Arbeitsfläche ziehen und vollständig abkühlen lassen; so lassen sich die Macarons später leichter vom Papier lösen. Inzwischen die Füllung zubereiten.

Die Füllung zubereiten:

7. In einer Pfanne bei niedriger Hitze den Zucker schmelzen, um helles, goldenes Karamell zu bekommen. Dies kann bis zu 15 Minuten dauern. Achtung: Währenddessen nicht rühren!

8. Die Butter in kleine Stücke schneiden und eins nach dem anderen in den Zucker einrühren, bis ein cremiges Karamell entsteht. Dann das Salz hinzufügen und einrühren.

Fortsetzung auf der nächsten Seite …

9. In einem kleinen Topf behutsam die Sahne mit dem Malzbier erwärmen. (Achtung: Nicht kochen!) Dann behutsam in die Karamellmasse einrühren und das Ganze 2-3 Minuten unter gelegentlichem Rühren köcheln lassen. In ein Glas füllen, etwas abkühlen lassen und bis zur Verwendung im Kühlschrank aufbewahren.

Die Butterbier-Macarons füllen:

10. Die fertigen Macaron-Schalen sortieren und gleich große, gut aufeinanderpassende Paare bilden. Die Hälfte der Macarons mit der »flachen« Seite nach oben auf ein mit Backpapier ausgelegtes Backblech legen.

11. Die Karamellcreme in einen Spritzbeutel mit Lochtülle füllen und jeweils einen Klecks auf die »unteren« Macaron-Schalen geben. Die passende »obere« Schale aufsetzen, leicht andrücken und bis zum Verzehr kühl lagern. Innerhalb von 1-2 Tagen genießen!

Tante Petunias Windtorte

**ZUTATEN
FÜR 1 WINDTORTE**

Für die Meringue-Platten:
8 Eiweiße
2 EL Zitronensaft
1 Prise Salz
350 g Zucker

Für die Füllung:
300 g kalte Schlagsahne
1 EL Vanillezucker
1 Päckchen Sahnesteif
500 g gemischte frische Beeren
(z. B. Brombeeren, Himbeeren,
Johannisbeeren)

Für die Creme:
400 g kalte Schlagsahne
4 EL Zucker
2 Päckchen Sahnesteif
Einige Tropfen lila Lebensmittelfarbe
Einige Tropfen minzgrüne
Lebensmittelfarbe

Kandierte Kirschen, als Garnitur

Außerdem erforderlich:
14 lila Dekorblüten aus Fondant
oder Marzipan, Spritzbeutel mit
großer Lochtülle und mittelgroßer
Sterntülle

Die Meringue-Platten zubereiten:

1. Den Backofen auf 100 °C vorheizen.

2. Ein Stück Backpapier auf der Arbeitsfläche ausbreiten und mit einem Stift einen Kreis mit 20 cm Ø und drei Kreise mit 15 cm Ø auf das Papier zeichnen. Mit den Markierungen nach oben auf zwei Backbleche legen.

3. In einer fettfreien Schüssel bei mittlerer Geschwindigkeit das Eiweiß schlagen, bis es schaumig ist. Dann den Zitronensaft und das Salz hinzufügen und nach und nach den Zucker dazugeben. So lange weiter aufschlagen, bis sich steife Spitzen bilden. Die Meringue-Masse nun in einen Spritzbeutel mit großer Lochtülle geben und mit der Meringue gleichmäßig die Kreise auf dem Backpapier ausspritzen, um eine große und drei kleinere Meringue-Scheiben zu bekommen. Dann mindestens eine Stunde backen bzw. so lange, bis die Meringue fest geworden ist und sich leicht vom Backpapier lösen lässt. Derweil die Füllung und die Creme zubereiten.

Die Füllung zubereiten:

4. In einer Schüssel die Sahne aufschlagen. Sobald die Sahne schaumig wird, den Vanillezucker und das Sahnesteif einstreuen und weiter schlagen, bis sich steife Spitzen bilden. Dann die Beeren einrühren, mit Frischhaltefolie abdecken und bis zur Verwendung in den Kühlschrank stellen.

Die Creme zubereiten:

5. In einer weiteren Schüssel bei mittlerer Geschwindigkeit die Schlagsahne schlagen. Sobald die Sahne schaumig wird, den Zucker und das Sahnesteif einstreuen und weiter schlagen, bis sich steife Spitzen bilden. Dann ¾ der Schlagsahne abnehmen und in einer separaten Schüssel mit einigen Tropfen Lebens-

Fortsetzung auf der nächsten Seite ...

mittelfarbe lila einfärben. Den Rest der Schlagsahne minzgrün färben. Die gefärbte Sahne jeweils in einen separaten Spritzbeutel mit mittelgroßer Sterntülle geben.

Alles zusammenfügen:

6. Die größere Meringue-Scheibe auf einen Servierteller oder eine runde Kuchenplatte legen. Etwas von der Fruchtfüllung in die Mitte geben und gleichmäßig verstreichen; dabei ca. 5 cm bis zum Rand freilassen. Eine der kleineren Meringue-Scheiben darauflegen, wiederum etwas von der Füllung darauf verstreichen und erneut einen 5 cm breiten Rand lassen. Dieses Prozedere wiederholen, bis ihr mit der letzten Meringue-Scheibe abschließt.

7. Mit den Spritzbeuteln mit der grünen und der lilafarbenen Creme abwechselnd in regelmäßigen Abständen große Rosetten auf den Rand der Torte spritzen, beginnend mit der unteren Meringue-Scheibe. So den Rand jeder Tortenebene verzieren. Die Oberkante mit einer durchgängigen Umrandung aus lila Creme versehen. Die kandierten Kirschen in der untersten und obersten Ebene platzieren und die Torte ringsum gleichmäßig mit den violetten Dekorblüten verzieren (siehe Bild). Zeitnah servieren und jede Menge bewundernde Blicke ernten!

Magisches Blasenbrot

ZUTATEN FÜR 1 BLASENBROT

Für den Teig:
500 g Mehl
1 Päckchen Trockenhefe
1 TL Salz
70 g Zucker für den Teig zzgl. 2 EL zum Bestreuen
2 EL Öl
300 ml lauwarmes Wasser
40 g geschmolzene Butter zzgl. noch etwas mehr, zum Einfetten der Backform
1 Päckchen Vanillezucker
1 TL Zimt

Für das Apfelkompott:
800 g säuerliche Äpfel, geschält und klein geschnitten
1 EL Zitronensaft
200 ml Apfelsaft
2 EL Zucker

Außerdem erforderlich:
rundes 28er-Backblech oder Springform (ca. 28 cm Ø)

Den Teig zubereiten:

1. In einer Schüssel das Mehl und die Trockenhefe miteinander vermischen und zusammen mit dem Salz, 70 g Zucker und dem Öl in eine Rührschüssel geben. Das Wasser hinzufügen und alle Zutaten mindestens 10 Minuten gründlich verkneten. Den Teig dann abgedeckt mit einem sauberen Geschirrtuch 50 Minuten an einem warmen Ort gehen lassen.

2. Ein rundes Backblech oder eine Springform großzügig mit Butter einfetten.

Das Apfelkompott zubereiten:

3. Die klein geschnittenen Äpfel zusammen mit dem Zitronensaft, dem Apfelsaft und dem Zucker in einen großen Topf geben und unter gelegentlichem Rühren bei mittlerer Hitze zum Kochen bringen. Den Deckel aufsetzen und 15 Minuten köcheln lassen. Vom Herd nehmen und abkühlen lassen. Soll das Apfelkompott gekühlt serviert werden, bis zum Verzehr in den Kühlschrank stellen.

4. Den Backofen auf 180 °C vorheizen.

5. Derweil den aufgegangenen Teig nochmals gründlich durchkneten und jeweils 15 g Teig abstechen. Aus den Teigstücken mit den Händen golfballgroße Bällchen formen und auf dem Backblech bzw. in der Springform nahtlos aneinanderlegen. Erneut 15 Minuten abgedeckt gehen lassen.

6. Den Vanillezucker, den Zimt und die übrigen 2 EL Zucker in einer kleinen Schüssel vermischen.

7. Das Blasenbrot mit einem Backpinsel großzügig mit der flüssigen Butter bepinseln und mit der Zucker-Zimt-Mischung bestreuen. Ca. 20-25 Minuten im vorgeheizten Ofen goldbraun backen. Herausnehmen und einige Minuten abkühlen lassen. Erst dann behutsam aus der Form lösen.

8. Das Blasenbrot vorzugsweise im Ganzen zusammen mit dem Apfelkompott servieren.

Würgzungentoffees

**ZUTATEN
FÜR CA. 5-6 PORTIONEN**

Ca. 25 TUC-Cracker
220 g Butter
200 g Zucker
350 g weiße Schokolade,
grob gehackt
Bunte Schokolinsen
Bunte Streusel

1. Ein kleines Blech mit Backpapier auslegen und den Backofen auf 170 °C Ober-/Unterhitze vorheizen.

2. Die Cracker in einer gleichmäßigen Schicht nahtlos auf dem ganzen Blech verteilen. An den Rändern der Form ggf. Stückchen von den Crackern abbrechen, damit sie sauber abschließen.

3. Die Butter und den Zucker in einen kleinen Topf geben und bei mittlerer Hitze unter regelmäßigem Rühren langsam zum Kochen bringen. Zwei Minuten köcheln lassen.

4. Die Butter-Zucker-Masse gleichmäßig über die Cracker gießen, mit einem Küchenspatel glatt verstreichen und für ca. 10 Minuten in den vorgeheizten Ofen geben. Dann herausnehmen und einige Minuten abkühlen lassen.

5. In der Zwischenzeit die weiße Schokolade in einer kleinen Schüssel über einem Wasserbad schmelzen. Dabei darauf achten, dass die Unterseite der Schüssel das Wasser nicht berührt! Die flüssige Schokolade dann gleichmäßig über die ausgekühlten Toffeecracker geben und mit dem Küchenspatel behutsam glattstreichen. Nach Herzenslust mit den Schokolinsen und den bunten Streuseln dekorieren und anschließend aushärten lassen.

6. Die Würgzungentoffees auf einem Schneidebrett mit einem großen, scharfen Messer nach Belieben in Stücke schneiden und in einem luftdicht verschließbaren Behältnis lagern.

Mrs. Weasleys Karottenkuchen

ZUTATEN FÜR 1 KUCHEN

Butter zum Einfetten der Form
250 g Mehl zzgl. etwas mehr, zum Bestreuen der Form
4 Eier
230 g Zucker
250 ml neutrales Öl
1 TL Zimt
400 g frische Karotten, gerieben
100 g gemahlene Mandeln
100 g gemahlene Haselnüsse
2 TL Backpulver
300 g Frischkäse
1 Spritzer Zitronensaft
100 g Puderzucker
Vanilleextrakt, nach Belieben
Gehackte Pistazien, als Garnitur

Außerdem erforderlich:
28er-Springform

1. Eine 28er-Springform mit Rohrboden mit Butter einfetten und mit etwas Mehl bestreuen. Den Backofen auf 180 °C Ober-/Unterhitze vorheizen.

2. In einer Schüssel die Eier, den Zucker, das Öl und den Zimt mit einem elektrischen Rührgerät gründlich zu einer geschmeidigen Creme verrühren.

3. 2 EL geriebene Karotte als Garnitur beiseitestellen. Die übrigen Karotten, die Mandeln und die Haselnüsse mit in die Schüssel geben und einarbeiten.

4. In einer separaten Schüssel das Mehl und das Backpulver vermischen und ebenfalls unterrühren.

5. Den Teig in die vorbereitete Springform füllen und ca. 45-50 Minuten im vorgeheizten Ofen backen bzw. so lange, bis ein Zahnstocher, den man in die Mitte pikst, beim Herausziehen sauber bleibt. Den Kuchen dann aus dem Ofen nehmen und in der Form abkühlen lassen.

6. In der Zwischenzeit den Frischkäse und den Zitronensaft in eine kleine Schüssel geben, glattrühren und nach und nach den Puderzucker einrieseln lassen. Schließlich nach Belieben das Vanilleextrakt hinzufügen und gründlich einarbeiten.

7. Den Kuchen aus der Form lösen.

8. Das Frosting in einen Gefrierbeutel geben, eine Ecke abschneiden und gleichmäßig auf dem Kuchen verteilen. Mit den übrigen Karottenraspeln und den gehackten Pistazien bestreuen. Zeitnah servieren.

Druhbels bester Blaskaugummi

ZUTATEN
FÜR CA. 200 G KAUGUMMI

120 g Chicle (Naturkaugummi)
20 g Glukosesirup
1 TL Zitronensäure
8–10 Tropfen natürliches Aroma, nach Belieben
36 g Glycerin (aus der Apotheke)
Einige Tropfen blaue Lebensmittelfarbe
140 g gesiebter Puderzucker sowie noch etwas mehr, als Überzug

1. Die Kaugummirohmasse zusammen mit dem Glukosesirup, der Zitronensäure und dem natürlichen Aroma eurer Wahl in eine Plastikschüssel geben und bei ca. 1.000 Watt 30 Sekunden in der Mikrowelle erhitzen, alternativ im Wasserbad. Die Mischung gründlich verrühren und nochmals 30 Sekunden erwärmen, bis der Naturkaugummi komplett geschmolzen ist.

2. Nun das Glycerin gut unterrühren und die Lebensmittelfarbe einarbeiten, bis die Masse die gewünschte Blaufärbung angenommen hat. Dann den gesiebten Puderzucker dazugeben und mit den Händen so lange verkneten, bis der gesamte Zucker sorgsam eingearbeitet ist. Hierbei nach Möglichkeit Einweg-Handschuhe verwenden, da die Masse extrem klebrig ist.

3. Die Masse auf der Arbeitsfläche ausrollen, jeweils kleine Stücke abnehmen, zu murmelgroßen Kugeln formen und so in Puderzucker wenden, dass die Kaugummis ringsum damit überzogen sind. Wichtig hierbei ist, die Kaugummis möglichst zügig zu verarbeiten, da sich die Masse immer schwieriger formen lässt, je mehr sie abkühlt!

In einem luftdichten Behältnis mehrere Monate lang haltbar.

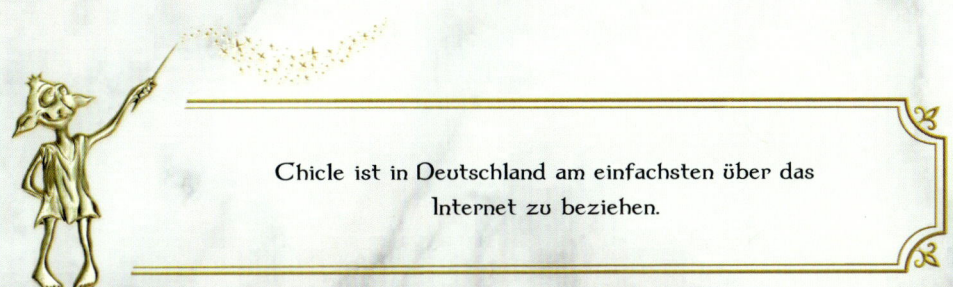

Chicle ist in Deutschland am einfachsten über das Internet zu beziehen.

Dumbledores Lieblingszitronendrops

**ZUTATEN
FÜR CA. 400 G DROPS**

*Geschmacksneutrales Öl,
für die Marmorplatte*
300 g Zucker
150 g Traubenzucker
100 ml Wasser
2 TL Ascorbinsäure
15 Tropfen naturreines Zitronenöl
3 Tropfen gelbe Lebensmittelfarbe
1 gute MSP Talkumpulver

*Außerdem erforderlich:
Zuckerthermometer, große
Marmorplatte (ca. 50 × 35 cm)*

1. Die Marmorplatte dünn mit Öl einstreichen.
2. Den Zucker, den Traubenzucker und das Wasser in einen kleinen Topf geben und behutsam bei starker Hitze aufkochen. Hierbei größte Vorsicht walten lassen, da die Zuckermasse sehr heiß ist und Spritzer auf der Haut schwere Verbrennungen verursachen können! Die Temperatur regelmäßig mit einem Zuckerthermometer messen und das Gemisch so lange erhitzen, bis 155 °C erreicht sind (ca. 10 Minuten).
3. Jetzt gilt es, die heiße Zuckermasse gleichmäßig auf die eingefettete Marmorplatte zu gießen; dabei aufpassen, dass nichts am Rand hinunterläuft. Gleichzeitig zügig mit einem Spatel die Masse immer wieder von der Platte lösen und durchkneten. Dabei die Ascorbinsäure, das Zitronenöl und die Lebensmittelfarbe gleichmäßig auf der Zuckermasse verteilen und schnell einarbeiten.
4. Sobald die Bonbonmasse so weit abgekühlt ist, dass man sie gefahrlos anfassen kann, mit den Händen in dünne Stränge ziehen und mit einer Haushaltsschere murmelgroße Stücke davon abschneiden. Die Drops zusammen mit dem Talkumpulver in einen Gefrierbeutel geben, diesen verschließen und gut durchschütteln, bis die Drops ringsum mit dem Pulver überzogen sind; so kleben sie nicht aneinander.
5. In einem luftdicht verschließbaren Behälter sind Dumbledores Lieblingszitronendrops 1-2 Monate haltbar.

Die Zuckermasse lässt sich mit vier Händen deutlich zügiger und einfacher verarbeiten als mit zweien. Also am besten zu zweit ans Werk gehen!

Ingwerkekse

ZUTATEN FÜR CA. 25 KEKSE

220 g weiche Butter
140 g Rohrzucker
1 TL Ingwer, frisch gerieben
350 g Mehl
½ Päckchen Backpulver
50 g kandierter Ingwer, fein gehackt

1. Den Backofen auf 200 °C Ober-/Unterhitze vorheizen. Ein Backblech mit Backpapier auslegen.

2. Die weiche Butter mit dem Rohrzucker in einer Rührschüssel cremig schlagen. Den Ingwer untermengen. In einer separaten Schüssel das Mehl mit dem Backpulver vermengen und in die Butter-Zucker-Mixtur sieben. Alles gründlich miteinander vermischen. Den Ingwer dazugeben und mit den Händen zu einem geschmeidigen Teig verarbeiten.

3. Aus dem Teig ca. 25 walnussgroße Bälle formen, auf das vorbereitete Backblech legen und mit einer angefeuchteten Gabel oder den Händen zu einer Dicke von ca. 1 cm plattdrücken. Die Ingwerkekse dann ca. 12-15 Minuten goldbraun backen. Anschließend aus dem Ofen nehmen und auf einem Kuchengitter vollständig abkühlen lassen.

Kanarienwindbeutel

ZUTATEN FÜR CA. 10–12 KANARIENWINDBEUTEL

Für den Teig:
125 ml Wasser
25 g Butter
5 g Mehl
15 g Speisestärke
2 Eier
1 MSP Backpulver

Für die Füllung:
400 g Sahne
2 Päckchen Sahnesteif
30 g Puderzucker
1 Päckchen Vanillezucker
Saft von ½ Zitrone
5 Tropfen gelbe Lebensmittelfarbe

Außerdem erforderlich:
Spritzbeutel mit großer Sterntülle und Fülltülle

1. Den Backofen auf 200 °C Ober-/Unterhitze vorheizen. Ein Backblech mit Backpapier auslegen.

2. Das Wasser mit der Butter in einem kleinen Topf aufkochen. Vom Herd nehmen.

3. Das Mehl in einer Schüssel mit der Speisestärke vermischen und in den Topf mit der geschmolzenen Butter geben. Alles zu einem glatten Teig verrühren, dann eine Minute unter ständigem Rühren erhitzen.

4. Den Teig in eine Rührschüssel geben. Nacheinander die Eier mit einem Mixer mit Knethaken-Aufsatz auf höchster Stufe in den Teig rühren. Dann das Backpulver einarbeiten.

5. Mit einem Spritzbeutel mit großer Sterntülle mit ausreichend Abstand zueinander 10-12 Teighäufchen auf das Backblech spritzen und für ca. 20 Minuten im vorgeheizten Ofen backen. Achtung: Während der Backzeit die Backofentür nicht öffnen, da das Gebäck sonst in sich zusammenfällt!

6. Die Windbeutel nach der Backzeit sofort aus dem Ofen nehmen, mit einem scharfen Messer die »Deckel« abschneiden und alles auf einem Kuchenrost vollständig abkühlen lassen.

7. Unterdessen die Füllung zubereiten. Hierzu die Sahne in eine Schüssel geben, das Sahnesteif, den Puderzucker, das Vanillepulver, den Zitronensaft und die Lebensmittelfarbe hinzufügen und mit einem Handmixer steif schlagen. Sind die Windbeutel schließlich abgekühlt, mit einem Spritzbeutel mit Fülltülle oder einem Gefrierbeutel mit abgeschnittener Ecke in das Gebäck spritzen.

Goldene Schnatze

**ZUTATEN
FÜR CA. 12 SCHNATZE**

Für die Macarons:
45 g gemahlene Mandeln
75 g Puderzucker
36 g Eiweiß (ca. 1 Eiweiß)
10 g Zucker
Gelbe Lebensmittelfarbpaste

Für die Ganache:
100 g Zartbitterschokolade,
fein gehackt
1 TL geriebene Orangenschale
100 ml Sahne

24 schmale Kaubonbon-Streifen,
als Flügel zurechtgeschnitten

Außerdem erforderlich:
essbares Goldpuder,
Spritzbeutel mit Lochtülle

1. Die Mandeln mit dem Puderzucker in einen hohen Becher geben, miteinander vermischen und im Mixer möglichst fein mahlen. Dann zweimal gründlich durchsieben.

2. Das Eiweiß genau abwiegen und mit dem Rührgerät steif schlagen. Sobald das Eiweiß schaumig wird, den Zucker hineinrieseln lassen und weiter schlagen, bis sich steife Spitzen bilden. Jetzt die gelbe Lebensmittelfarbe hinzufügen und nochmals ca. 1 Minute weiter schlagen. Das Ganze in eine große Schüssel geben, nach und nach die Mandel-Puderzucker-Mischung hinzufügen und vorsichtig unterheben. Zu einer zähflüssigen, glänzenden Masse verarbeiten und in einen Spritzbeutel mit Lochtülle füllen.

3. Ein Backblech mit Backpapier auslegen. Mit dem Spritzbeutel mit etwas Abstand zueinander ca. 2 cm große Macaron-Kleckse auf das Blech geben. Mit der Unterseite des Blechs anschließend behutsam auf die Arbeitsfläche klopfen, damit etwaige Luftbläschen entweichen. 30 Minuten ruhen lassen.

4. Derweil den Backofen auf 150 °C Ober-/Unterhitze vorheizen. Das Blech hineingeben, die Hitze auf 145 °C reduzieren und ca. 12-14 Minuten backen. Dann herausnehmen und die Macarons auf dem Blech auskühlen lassen.

5. Währenddessen die Schokolade in eine Schüssel geben. Die Orangenschale mit der Sahne in einem kleinen Topf bei mittlerer Hitze unter stetem Rühren einmal aufkochen, dann über die Schokolade gießen. Zwei Minuten ruhen lassen. Anschließend alles so lange durchrühren, bis keine Klümpchen mehr zu sehen sind. Für mindestens eine Stunde in den Kühlschrank stellen. Anschließend nochmals gut verrühren und in einen Spritzbeutel mit beliebiger Tülle füllen.

6. Die Macarons vom Backpapier lösen und die Hälfte davon mit der flachen Seite nach oben auf der Arbeitsfläche ausbreiten. Jeweils einen Klecks Ganache daraufspritzen, links und rechts zwei der Kaubonbon-Streifen so als Flügel anbringen, dass sie von der Ganache gehalten werden, dann (wiederum mit der flachen Seite) je eine Macaron-Hälfte oben daraufsetzen und leicht andrücken. Über Nacht im Kühlschrank lagern und zu guter Letzt ringsum mit essbarem Goldpuder bepinseln. Kühl lagern und innerhalb von 5-7 Tagen genießen.

Siruptorte

ZUTATEN FÜR 1 TORTE

Für den Tortenboden:
250 g Mehl zzgl. noch etwas mehr, zum Bestäuben der Arbeitsfläche
2 EL Puderzucker
Abrieb von 1 Zitrone
1 Prise Salz
175 g kalte Butter, in Würfeln
1 Eigelb
1-2 EL sehr kaltes Wasser

Für die Füllung:
600 ml Zuckersirup
1 Prise gemahlener Ingwer
150 g frisches Paniermehl
Abrieb und Saft von 1 Zitrone
1 Ei, geschlagen

Außerdem erforderlich:
Tortenform (ca. 25 cm Ø), getrocknete Bohnen oder andere Blindback-Gewichte

Den Tortenboden zubereiten:

1. Das Mehl, den Puderzucker, den Zitronenabrieb und das Salz in einer Schüssel vermengen. Die kalten Butterwürfel einarbeiten, bis das Ganze von der Konsistenz her an Paniermehl erinnert. Das Eigelb und 1-2 EL sehr kaltes Wasser hinzufügen. Mit den Händen zu einem Teig verkneten, auf einer leicht mit Mehl bestreuten Arbeitsfläche ausbringen, zu einer Kugel formen, fest in Frischhaltefolie wickeln und für 30 Minuten in den Kühlschrank legen.

2. ⅓ des Teigs abnehmen, erneut mit Frischhaltefolie einwickeln und zurück in den Kühlschrank legen. Den restlichen Teig auf einer leicht mit Mehl bestreuten Oberfläche zu einem Rund von 30 cm Ø und einer Dicke von ca. 5 mm ausrollen. Den Teig dann quer über die Backform ausbreiten und am Boden und an den Rändern der Form andrücken; dabei darauf achten, dass der Teig bis in alle Ecken reicht. Etwaige Löcher und Lücken mit etwas Extrateig verschließen. Den Teigboden schließlich ein paarmal mit einer Gabel einstechen und für 30 Minuten in den Kühlschrank geben.

3. In der Zwischenzeit den Backofen auf 190 °C vorheizen und ein Backblech darin vorwärmen.

4. Den gekühlten Tortenboden mit Backpapier auslegen und mit Backbohnen oder anderen Blindback-Gewichten füllen. Für 15 Minuten in den Ofen geben, dann das Backpapier und die Gewichte entfernen und nochmals ca. 5 Minuten backen bzw. so lange, bis der Tortenboden goldbraun ist.

5. Den übrigen Teig möglichst dünn (ca. 2-3 mm) zu einem Kreis von ca. 25 cm Ø ausrollen. In ca. 5 mm schmale Streifen schneiden.

Die Füllung zubereiten:

6. Den Zuckersirup und den gemahlenen Ingwer bei niedriger Hitze in einem Topf erwärmen, bis die Masse heiß ist, aber nicht kocht. Das Paniermehl, die Zitronenzeste, den Zitronensaft und ein

Fortsetzung auf der nächsten Seite ...

geschlagenes Ei einrühren und alles gut vermischen. Auf den Tortenboden geben und gleichmäßig verstreichen.

7. Mit den Teigstreifen ein Gittermuster oben auf die Torte legen. Hierzu zunächst auf einem Stück Backpapier in einer Ecke anfangen und die Teigstreifen dann wie beim Flechten über- und untereinander legen. Das Gitter dann vorsichtig oben auf die Torte heben und das Papier behutsam wegziehen. Dies ist einfacher, als die Streifen einzeln auf der Torte zu arrangieren, da hier die Gefahr besteht, dass der Teig in die Füllung fällt.

8. Die Torte ca. 30-35 Minuten backen, bis die Füllung sich gesetzt hat und der Teig goldbraun ist. Aus dem Ofen nehmen und ca. 15 Minuten auf einem Kuchengitter abkühlen lassen. Behutsam aus der Backform lösen und warm servieren.

Kandierte Ananas

**ZUTATEN
FÜR JEDE MENGE
KANDIERTE ANANAS**

1 Ananas (ca. 1 kg)
1 l Wasser
1 kg Zucker
Saft von 1 Zitrone
Etwas extrafeiner Zucker

1. Die Ananas mit einem großen, scharfen Messer oder einem Ananasschneider von Schale und Strunk befreien. In fingerdicke Scheiben und dann in mundgerechte Stücke schneiden. Mit dem Wasser in einen Topf geben. Bei mittlerer Hitze kurz aufkochen. Ca. 18-20 Minuten unter gelegentlichem Rühren köcheln lassen. Die Ananasstücke mit einem Schaumlöffel herausnehmen, gründlich in einem Sieb abtropfen lassen und in eine große Schüssel geben.

2. 250 g Zucker in die Kochflüssigkeit einrühren. Den Zitronensaft unterrühren und ca. 3 Minuten kochen lassen. Vom Herd nehmen, ein wenig abkühlen lassen und über die Ananasstücke in der Schüssel gießen. Einen möglichst schweren Teller umgedreht darauflegen, sodass alle Stücke mit Flüssigkeit abgedeckt sind. 24 Stunden ruhen lassen.

3. Die Ananasstücke aus der Schüssel nehmen und in einem Sieb gründlich abtropfen lassen. Den Saft dabei auffangen, in einen Topf geben und mit 100 g Zucker verrühren. Unter stetem Rühren aufkochen und ca. 2 Minuten kochen lassen. Vom Herd nehmen und etwas abkühlen lassen. Die abgetropfte Ananas dann wieder zurück in die Schüssel geben und den Saft darübergießen. Wie gehabt mit einem schweren Teller abdecken und 24 Stunden ruhen lassen.

4. Schritt 3 am nächsten Tag wiederholen.

5. Das Ganze auch am nächsten und am übernächsten Tag erneut wiederholen, diesmal jedoch jeweils 150 g Zucker dazugeben.

6. Das Ganze nochmals wiederholen, dieses Mal aber 250 g Zucker dazugeben. Anschließend 48 Stunden ruhen lassen.

7. Die Ananasstücke mitsamt des Sirups in einen Topf geben. Bei mittlerer Hitze unter stetem Rühren aufkochen und ca. 5 Minuten köcheln lassen.

8. Derweil ein Backblech mit Alufolie auslegen und ein Backrost daraufstellen. Den Backofen auf 100 °C vorheizen.

9. Die Ananasstücke nun vorsichtig aus dem Topf nehmen und zum Abtropfen auf das Backrost legen. Ca. 12-18 Stunden im Ofen trocknen lassen; die Ofentür dabei mit einem Holzlöffel einen Spaltbreit offenhalten, damit alle Feuchtigkeit entweichen kann. Den Ofen anschließend ausschalten und die Ananas darin ein wenig abkühlen lassen.

Fortsetzung auf der nächsten Seite ...

10. Den extrafeinen Zucker in einen großen, tiefen Teller streuen. Die trockenen, aber noch leicht klebrigen Ananasstückchen ringsum in dem Zucker wälzen, damit sie vollständig davon bedeckt sind. In einem luftdicht verschließbaren Behälter aufbewahren; dabei zwischen die Ananaslagen jeweils etwas Wachspapier legen, damit die Stücke nicht zusammenkleben. Die kandierte Ananas ist bis zu 4 Wochen haltbar.

Felsenkekse

**ZUTATEN
FÜR CA. 12 KEKSE**

225 g Mehl
1 Päckchen Backpulver
110 g sehr kalte Butter
110 g Zucker
1 gestrichener TL Zimt
1 Prise Muskatnuss
1 Prise Salz
1 Ei
1-2 EL Milch
100 g Schokodrops

1. Den Backofen auf 180 °C vorheizen. Ein Backblech mit Backpapier auslegen.

2. Das Mehl fein sieben und in einer Schüssel mit dem Backpulver vermischen. Die Butter in kleine Stücke schneiden und in das Mehl einkneten, bis die Masse geschmeidig aussieht. Den Zucker und die Gewürze dazugeben und grob einarbeiten.

3. Das Ei verquirlen und, falls nötig, zusammen mit etwas Milch der Teigmischung hinzufügen. Alles mit einem Teigschaber verrühren, bis der Teig von der Konsistenz her an grobes Paniermehl erinnert. Nun behutsam die Schokodrops einarbeiten.

4. Mit einem Esslöffel tischtennisballgroße »Teigkleckse« auf das Backblech geben; dabei zwischen den Keksen jeweils ca. 5 cm Abstand lassen. Im vorgeheizten Backofen ca. 17-20 Minuten backen bzw. so lange, bis die Felsenkekse goldbraun sind. Aus dem Ofen nehmen und auf einem Kuchengitter abkühlen lassen.

Schluckaufdrops

ZUTATEN
FÜR CA. 25 DROPS

120 g weiche Butter
160 g Zucker
2 Eier, zimmerwarm
240 g Mehl
1½ TL Backpulver
1 Prise Salz
150 g Schmand
Ca. 170 g Lemon Curd
20 g Knallbrause
300 g weiße Kuvertüre, gehackt
Glitzerzucker, zum Verzieren

Außerdem erforderlich:
Springform (ca. 20 cm Ø)

1. Den Backofen auf 180 °C Ober-/Unterhitze vorheizen. Eine Springform mit Backpapier einschlagen.

2. In einer Rührschüssel mit einem elektrischen Handrührgerät die Butter und den Zucker cremig-weiß aufschlagen. Nacheinander die Eier dazugeben und jeweils kurz einrühren.

3. In einer separaten Schüssel das Mehl, das Backpulver und das Salz vermischen, in die Rührschüssel geben und alles kurz durcharbeiten. Den Schmand einrühren. Den Teig in die vorbereitete Springform füllen und für ca. 40 Minuten im vorgeheizten Ofen backen bzw. so lange, bis an einem Zahnstocher, den man in die Mitte pikst, beim Herausziehen nichts mehr kleben bleibt. Dann aus dem Ofen nehmen und in der Form vollständig abkühlen lassen.

4. Den Kuchen aus der Form nehmen, in einer großen Schüssel zerbröseln und mit so viel Lemon Curd verkneten, bis sich aus der Masse mit den Händen golfballgroße Kugeln formen lassen. Hierzu darf die Kuchenmasse nicht zu feucht sein! Jeweils etwas Knallbrause in die Kugeln drücken und die Öffnung glatt verschließen. Auf einen großen, flachen Teller legen und 20 Minuten ins Gefrierfach geben.

5. In dieser Zeit die weiße Kuvertüre über einem heißen Wasserbad schmelzen und vom Herd nehmen. Dann jeweils eine abgekühlte Kuchenkugel mithilfe von zwei Gabeln in die flüssige Schokolade tauchen, ein bisschen abtropfen lassen und zum Antrocknen auf ein kleines Gitter oder ein mit Backpapier ausgelegtes Backblech legen. So lange die Kuvertüre noch nicht ganz angezogen ist, mit dem Glitzerzucker dekorieren. Im Kühlschrank fest werden lassen.

6. In einem luftdicht verschließbaren Behältnis lagern.

Mince Pies

ZUTATEN
FÜR 8 MINCE PIES

Für die Füllung:

300 g gemischte Trockenfrüchte, fein gewürfelt

150 g Rosinen

Abrieb von 1 Orange

75 g Rohrzucker

1 TL Zimt

1 TL Ingwer

½ TL gemahlene Nelken

100 ml Rum

Einige Tropfen Mandelextrakt

½ TL Vanilleextrakt

2 EL Honig

Für den Mürbeteig:

260 g weiche Butter zzgl. noch etwas mehr, zum Einfetten der Form

375 g Mehl zzgl. noch etwas mehr, zum Bestreuen der Form

125 g Zucker

1 Prise Salz

2 Eier

Puderzucker

Außerdem erforderlich:
runder Keksausstecher (ca. 10 Ø),
runder Keksausstecher (ca. 8 cm Ø),
Hogwarts-Silikonkeksstempel,
8er-Muffinform

1. Die fein gewürfelten Trockenfrüchte, die Rosinen, den Orangenabrieb, den Ruckzucker, den Zimt, den Ingwer und die gemahlenen Nelken in einer Schüssel vermischen und gut mit dem Rum, dem Mandelextrakt, dem Vanilleextrakt und dem Honig vermischen. Mit Frischhaltefolie abdecken und für mindestens 12 Stunden im Kühlschrank ziehen lassen.

2. Die Butter und das Mehl in eine Schüssel geben, den Zucker, das Salz und ein Ei hinzufügen und alles mit einem Handmixer mit Knethaken zu einem geschmeidigen Teig verarbeiten. Mit einem sauberen Küchentuch abdecken und 10 Minuten im Kühlschrank kaltstellen.

3. Die Muffinform mit etwas Butter einfetten und mit Mehl bestreuen. Den Backofen auf 220 °C vorheizen.

4. Den Teig möglichst dünn (ca. 3 mm) auf einer gut bemehlten Oberfläche ausrollen und mit einem runden Keksausstecher acht Kreise ausstechen, die groß genug sind, um den Boden und die Seiten der Mulden der Muffinform zu bedecken. Die Teigkreise dann vorsichtig in die Mulden legen und leicht andrücken. Die Teigreste neu verkneten, erneut ausrollen und daraus die gleiche Anzahl kleinere Kreise ausstechen. Diese sorgfältig mit den Hogwarts-Silikonstempeln prägen.

5. Die Trockenfrüchte-Füllung in die Muffins geben, jeweils mit einem geprägten Teigrund verschließen und den Rand ringsum etwas andrücken. In einer kleinen Schüssel das zweite Ei verquirlen und damit die Oberseite der Mince Pies bestreichen. Für 20 Minuten im vorgeheizten Ofen backen. Anschließend etwas abkühlen lassen und mit Puderzucker bestreuen. Warm oder kalt genießen.

Fieberfudge

**ZUTATEN
FÜR 5-6 PORTIONEN**

Pflanzenöl
400 g gesüßte Kondensmilch
*400 g weiße Schokolade,
fein gehackt*
1 TL Vanilleextrakt
*Blaue Lebensmittelfarbe,
nach Belieben*
Rote Schokolinsen

*Außerdem erforderlich:
Back- oder Auflaufform
(ca. 18 x 18 cm)*

1. Eine Back- oder Auflaufform mit Backpapier auslegen und mit etwas Öl bestreichen.

2. Die gesüßte Kondensmilch unter stetem Rühren bei mittlerer Hitze in einem Topf erwärmen. Die gehackte Schokolade dazugeben und unter regelmäßigem Rühren schmelzen. Zu einer geschmeidigen, homogenen Masse verrühren. Das Vanilleextrakt und (je nach gewünschter Farbintensität) die blaue Lebensmittelfarbe einrühren.

3. Die Fudgemasse in die vorbereitete Form füllen und mit einem Küchenspatel glattstreichen. In unregelmäßigen Abständen die roten Schokolinsen darauf verteilen und für ca. 2 Stunden im Kühlschrank fest werden lassen.

4. Den Fieberfudge aus dem Kühlschrank nehmen, auf ein Schneidebrett geben und mit einem großen, scharfen Messer in die gewünschte Form schneiden. In einem luftdicht verschließbaren Behältnis aufbewahren.

Gringotts Goldtaler

**ZUTATEN
FÜR CA. 20 GOLDTALER**

200 g Zartbitterkuvertüre
2-3 Tropfen Orangenextrakt
Essbarer goldener Glitzer

Außerdem erforderlich:
Zuckerthermometer, Taler-Silikonform (falls vorhanden),
Goldfolie (optional)

1. Die Schokolade grob in Stücke hacken und in einer Schüssel über einem Wasserbad bei mittlerer Hitze unter stetem Rühren schmelzen. Mit einem Zuckerthermometer die Temperatur überprüfen. Die flüssige Schokolade einmal auf ca. 45 °C erwärmen, dann vom Herd nehmen und unter gleichmäßigem Durchrühren auf ca. 26-28 °C abkühlen lassen. Zuletzt noch einmal über das Wasserbad stellen und wieder auf eine Temperatur von ca. 31-32 °C erhitzen. Durch dieses mehrmalige Temperieren bekommen die Schokoladentaler einen schönen Glanz und einen knackigen Bruch.

2. Einige Tropfen Orangenextrakt unter die Schokolade rühren.

3. Ein Tablett oder ein Backblech mit Backpapier auslegen. Die flüssige Schokolade mit einem kleinen Löffel auf das Backpapier geben, zu gleichmäßigen Talern verstreichen und trocknen lassen. Oder, falls vorhanden, in eine entsprechende Silikonform füllen und darin erkalten lassen. Mit essbarem Goldglitzer dekorieren, solange die Schokolade noch nicht angezogen ist.

> Die Schokotaler machen ordentlich Eindruck, wenn man sie einzeln in Goldfolie einwickelt!

Johannisbeerrum

ZUTATEN
FÜR CA. 700 ML RUM

500 g frische rote Johannisbeeren
500 g Kandiszucker
1 Muskatblüte
1 Sternanis
½ Vanilleschote, ausgekratzt
700 ml weißer Rum

Außerdem erforderlich:
verschließbares Gefäß mit
mindestens 1 l Fassungsvermögen

1. Die Johannisbeeren waschen und von den Stielen befreien. Zusammen mit dem Kandiszucker in ein angemessen großes, gründlich mit heißem Wasser ausgespültes Gefäß geben.

2. Die Muskatblüte, den Sternanis und eine halbe ausgekratzte Vanilleschote hinzufügen. Mit dem weißen Rum aufgießen und sorgsam durchrühren, um alles gut miteinander zu vermischen.

3. Das Gefäß luftdicht verschließen und an einem kühlen, dunklen Ort vier Wochen ziehen lassen. Zwischendurch alle 3-4 Tage kräftig schütteln, damit sich der Kandiszucker vollständig auflöst.

4. Nach Ablauf der vier Wochen den Johannisbeerrum kosten. Falls der Geschmack noch intensiver sein soll, einige Tage länger ziehen lassen.

5. Schließlich durch ein Küchensieb in ein sauberes, verschließbares Gefäß seihen, die Muskatblüte, den Sternanis und die Vanilleschote entsorgen und das, was von den Johannisbeeren noch übrig ist, wieder zurück in den Rum geben. Maßvoll genießen.

Falls ihr das Prozedere beschleunigen oder euch etwas weniger Arbeit machen wollt, könnt ihr die Johannisbeeren und den Kandiszucker auch einfach durch 250 ml Johannisbeersirup (siehe S. 166) ersetzen. Dadurch reduziert sich die Ziehzeit um die Hälfte.

Florean Fortescues Chili-Eis

ZUTATEN
FÜR CA. 8 PORTIONEN SOFTEIS

160 g Kaffeesahne
40 g Milch
1 Vanilleschote, ausgekratzt
200 g süße Sahne
60 g Feinkristallzucker
20 g Puderzucker
1 Päckchen Vanillezucker
2-3 Tropfen rosa Lebensmittelfarbe
Etwas Chilipulver
(oder roter Dekorzucker)

1. Die Kaffeesahne, die Milch und das Vanillemark in einen kleinen Topf geben und unter stetem Rühren bei mittlerer Hitze behutsam aufkochen. Dann vom Herd nehmen und abkühlen lassen.

2. In der Zwischenzeit die süße Sahne, den Feinkristallzucker, den Puderzucker und den Vanillezucker in eine kleine Schüssel geben und mit einem Handrührgerät steif schlagen. Dabei die Geschwindigkeit nach und nach steigern, also langsam beginnen und alle 30 Sekunden eine Stufe höher schalten, bis die Sahne kompakter wird und sich allmählich steife Spitzen bilden.

3. Sobald die Vanillemilch etwas abgekühlt ist, die Sahne-Zucker-Mixtur und die Lebensmittelfarbe hineingeben und alles gut miteinander vermengen. In einen Behälter füllen und für einige Stunden, am besten aber über Nacht ins Gefrierfach stellen. Während dieser Zeit regelmäßig durchrühren, damit das Eis möglichst cremig bleibt.

4. Kurz vor dem Servieren aus dem Gefrierfach nehmen, in kleine Becher oder Schüsseln geben und mit etwas Chilipulver bestreut servieren.

Mutige Muggel nehmen Chilipulver als Garnitur. Alle anderen - und Ron, der es bekanntlich nicht so gern scharf mag - können alternativ auch problemlos roten Dekorzucker verwenden.

Quinquefle

ZUTATEN
FÜR 4 PORTIONEN

Für den Schokokuchen:
150 g Weizenmehl
150 g gemahlene Haselnüsse
2 TL Backpulver
1 Prise Salz
50 g Backkakao
80 g Schokoraspeln
300 g weiche Butter
180 g Zucker
5 Eier

Für die Kirschgrütze:
1 Glas Kirschkompott
(680 g Abtropfgewicht)
400 ml Kirschsaft
1 Päckchen Vanille-Puddingpulver
1 EL Rohrzucker
1 EL Kirschwasser

Für die Mascarpone-Joghurt-Creme:
200 g Mascarpone
150 g Joghurt
50 g Puderzucker, gesiebt
150 ml Sahne, aufgeschlagen

Für die Schlagsahne:
50 ml süße Sahne, gekühlt
30 g Puderzucker
1 EL Vanillezucker
2-3 Tropfen rosa Lebensmittelfarbe

Für die Garnitur:
200 g frische gemischte Beeren (z. B. Himbeeren, Blaubeeren, Brombeeren)
100 g Puderzucker, gesiebt

Außerdem erforderlich:
vier Bierkrüge, zwei Spritzbeutel mit Lochtülle (12 mm Ø), Kastenform (ca. 28 cm)

1. Den Schokokuchen zubereiten: Den Backofen auf 180 °C Ober-/Unterhitze vorheizen. Eine große Kastenkuchenform mit etwas Butter einfetten und mit Mehl bestäuben. Die Haselnüsse, das Mehl, das Backpulver, das Salz und den Backkakao vermischen. Die Butter mit dem Zucker mit einem Handrührgerät schaumig schlagen, dann eins nach dem anderen die Eier unterrühren. Anschließend nach und nach die Mehl-Kakao-Mischung dazugeben und gut einrühren. Zum Schluss die Schokoraspeln unterheben, den Teig in die Form füllen und die Oberseite glattstreichen. Ca. 50 bis 60 Minuten backen. Herausnehmen, in der Form abkühlen lassen, dann herausstürzen und grob zerbröseln.

2. Die Kirschgrütze zubereiten: Die Kirschen durch ein Sieb abgießen und den Saft auffangen. In einen Messbecher geben und mit dem »fertigen« Kirschsaft auf 550 ml aufgießen. Gut vermischen, 3 EL aufbewahren und den Rest bei mittlerer Hitze in einem Topf erwärmen. Den Zucker und das Kirschwasser dazugeben und glatt verrühren. Sobald das Ganze kocht, vom Herd nehmen und mit einem Schneebesen das Puddingpulver einrühren. Kurz aufkochen, erneut vom Herd nehmen und die Kirschen unterrühren. Etwas abkühlen lassen und zum vollständigen Erkalten in den Kühlschrank geben.

3. Die Mascarpone-Joghurt-Creme zubereiten: Die Mascarpone und den Joghurt mit dem Puderzucker zu einer glatten Creme verrühren und die Sahne unterheben. In einen Spritzbeutel füllen.

4. Die Schlagsahne zubereiten: Die Sahne in eine Schüssel geben. Den Puderzucker, den Vanillezucker und die Lebensmittelfarbe hinzufügen und mit einem Handrührgerät steif schlagen. In einen Spritzbeutel füllen.

5. Sind schließlich alle Elemente fertig, das Quinquefle schichten. Hierzu unten den zerbröselten Schokokuchen in den Krug füllen. Darauf mit dem Spritzbeutel eine Schicht der Mascarpone-Joghurt-Creme geben, gefolgt von der Kirschgrütze. Hierauf eine Lage Schokokuchen schichten und mit Sprühsahne auffüllen. Mit frischen Beeren garnieren, mit Puderzucker bestreuen und genießen!

Plum Pudding

ZUTATEN
FÜR 1 PLUM PUDDING
(CA. 5-6 PORTIONEN)

70 g Backpflaumen

175 g Rosinen

2 EL Rum

1 Apfel

50 g Zitronat

50 g Orangeat

60 g Paniermehl zzgl. noch etwas mehr, zum Bestreuen der Puddingform

50 g Mehl

50 g Butter oder Margarine zzgl. noch etwas mehr, zum Einfetten der Puddingform

35 g brauner Zucker

Saft und Abrieb einer unbehandelten Zitrone

2 Eier

Je eine Prise gemahlener Pfeffer, Muskatnuss, Gewürznelke, Zimt und Ingwer

50 g gemahlene Haselnüsse

Vanillesoße, zum Servieren

Außerdem erforderlich: verschließbare Puddingform (Fassungsvermögen 800 ml)

1. Die Backpflaumen in kleine Würfel schneiden, zusammen mit den Rosinen in eine Schüssel geben, mit dem Rum beträufeln und ca. 30 Minuten durchziehen lassen.

2. In der Zwischenzeit den Apfel schälen, das Kerngehäuse entfernen und den Apfel in kleine Würfel schneiden.

3. In einer großen Schüssel das Zitronat, das Orangeat, das Paniermehl, das Mehl, die Butter, den braunen Zucker, die Zitronenschale, den Zitronensaft, die Eier, die Gewürze und die gemahlenen Haselnüsse mit dem Knethaken des Handrührgerätes zügig verkneten. Anschließend die Apfelwürfel, die Backpflaumen und die Rosinen dazugeben und einarbeiten.

4. In einem großen Topf ausreichend Wasser zum Kochen bringen. Die Hitze dann so reduzieren, dass das Wasser bloß noch sanft siedet.

5. Die Puddingmasse in eine eingefettete, mit Paniermehl ausgestreute Puddingform geben und leicht festdrücken. Die Form gut verschließen und im heißen Wasserbad 2½ Stunden ziehen lassen. Bei Bedarf zwischendurch immer mal wieder etwas Wasser nachfüllen.

6. Die Puddingform aus dem Wasser nehmen und zehn Minuten ruhen lassen. Den Plum Pudding schließlich behutsam aus der Form auf einen Servierteller stürzen und vollständig auskühlen lassen.

7. Mit Vanillesoße garniert servieren.

Mandragora

ZUTATEN FÜR 10 MANDRAGORA

Für die Muffins:
300 g Mehl
80 g Backkakao
1 TL Backpulver
1 TL Natron
1 Prise Salz
100 g weiche Butter
220 g Zucker
1 TL Vanilleextrakt
2 Eier
250 ml Buttermilch
150 g Zartbitterschokolade, grob gehackt

Für die Mandragora:
400 g Marzipanrohmasse
Etwas Backkakao, zum Bestäuben
20 Kräuterblätter
(z. B. Basilikum, Minze)

Für das Schokofrosting:
150 g Frischkäse
15 g Puderzucker
1 gehäufter EL Backkakao

Außerdem erforderlich:
drei Papier-Muffinförmchen,
zehn kleine Tontöpfe

1. Die Tontöpfchen ca. eine Stunde in Wasser einweichen. Passend große Kreise aus Backpapier ausschneiden und unten in die Töpfe legen. Den Backofen auf 200 °C Grad vorheizen.

2. Das Mehl, den Kakao, das Backpulver, das Natron und das Salz in einer kleinen Schüssel vermischen. In einer separaten, größeren Schüssel die Butter, den Zucker und das Vanilleextrakt mit einem Handrührgerät aufschlagen. Nacheinander die Eier dazugeben und alles weiter schaumig schlagen. Die Buttermilch gründlich unterrühren.

3. Die trockenen Zutaten aus der kleineren Schüssel unter die Buttermischung heben. Genügend Teig für drei Muffins abnehmen und in einfache Muffinförmchen geben. Die gehackte Schokolade unter den restlichen Teig heben und in die vorbereiteten Tontöpfe füllen. Die Töpfe und die Muffinförmchen ca. 25 Minuten in den Ofen geben. Dann aus dem Backofen nehmen und vollständig abkühlen lassen. Anschließend die Muffins aus den Förmchen lösen und in einer Schüssel grob zerbröseln.

4. Das Marzipan in zehn gleich große Stücke aufteilen und daraus jeweils grobe Mandragora formen. Die Unterseite dabei ein wenig abflachen. Den Mandragora »Charakter« verleihen. Hierzu mit einem Messer kleine Rillen quer einritzen, mit einem Zahnstocher die Augen eindrücken, mit einem Löffel den Mund herausarbeiten und ggf. mehr oder weniger ausgeprägte Ärmchen formen. Damit das Ganze möglichst »lebendig« wirkt, mit einem Pinsel mit Kakao abpudern. Zuletzt mit dem Zahnstocher ein Loch in jeden »Kopf« piksen, in das man später die essbaren Blätter stecken kann. In den Kühlschrank stellen.

5. Den Frischkäse, den Puderzucker und den Backkakao in einer kleinen Schüssel vermengen und glattrühren. Die Oberseite der Muffins in den Tontöpfen großzügig mit dem Frosting bestreichen, die Alraunen darauf »festkleben« und ringsum mit zerbröselter »Kuchenerde« dekorieren. Die Kräuterblätter in die zuvor gepiksten stecken. Perfekt!

Lunas lieblicher Fruchtpudding

**ZUTATEN
FÜR 4 PORTIONEN**

250 g frische Blaubeeren
2 EL Zitronensaft
Ca. 300 ml Wasser
80 g Zucker
1 Päckchen Vanillepuddingpulver
Frische Beeren, als Garnitur

Außerdem erforderlich:
Glasschüssel oder Puddingform

1. Die Blaubeeren und den Zitronensaft mit 100 ml Wasser in einen Topf geben und bei niedriger Hitze aufkochen. Eine Minute köcheln lassen.

2. Den Topfinhalt durch ein Küchensieb passieren, den aufgefangenen Saft in einen Messbecher füllen und bis zur 400-ml-Markierung mit kaltem Wasser aufgießen. Das Ganze wieder zurück in den Topf geben, den Zucker hinzufügen und ein wenig von der Fruchtflüssigkeit zum Anrühren des Puddingpulvers abnehmen. Den Rest bei niedriger Hitze unter regelmäßigem Rühren aufkochen.

3. Das Puddingpulver mit der abgenommenen Fruchtflüssigkeit verrühren, in den köchelnden Saft geben und unter ständigem Rühren eine Minute aufkochen lassen.

4. Den Pudding in eine kalt ausgespülte, hitzebeständige Glasschüssel oder eine spezielle Puddingform geben und einige Minuten abkühlen lassen. Anschließend ca. 4-5 Stunden im Kühlschrank durchkühlen lassen.

5. Zum Servieren behutsam auf einen großen, flachen Teller stürzen und mit frischen Beeren garnieren.

Weihnachtskuchen

ZUTATEN FÜR 1 WEIHNACHTSKUCHEN

Für den Hefeteig:
150 g Rosinen
½ TL Zitronenschale
50 g Orangeat
50 g Zitronat
60 ml Rum
50 g gemahlene Mandeln
425 g Mehl
½ Würfel frische Hefe
75 ml lauwarme Milch
50 g Zucker
100 g Butter
1 Ei
1 Päckchen Vanillezucker
½ Prise Salz
½ TL Zimt
¼ TL Kardamom
¼ TL Muskatnuss

Zum Bestreichen:
40 g Butter
75 g Puderzucker

1. In einer großen Schüssel die Rosinen, die Zitronenschale, das Orangeat und das Zitronat mit dem Rum und den gemahlenen Mandeln vermischen. Mindestens eine Stunde durchziehen lassen, besser über Nacht.

2. Das Mehl in eine große Schüssel geben und die Hefe hineinbröseln. 2 EL der lauwarmen Milch und eine Prise Zucker hinzufügen und kurz einmischen. Abgedeckt an einem warmen Ort ca. 30 Minuten gehen lassen.

3. Die Butter in kleinen Stücken in das Mehl geben. Nach und nach das Ei, den restlichen Zucker, den Vanillezucker, das Salz, den Zimt, den Kardamom und die Muskatnuss hinzufügen und jeweils kurz untermischen, dann mit einem Handmixer mit Knethaken auf höchster Stufe mindestens 10 Minuten gut durchkneten. Währenddessen nach und nach die restliche Milch unterkneten. Schließlich die Früchte-Rum-Nuss-Mischung einarbeiten und abgedeckt mit einem sauberen Geschirrtuch nochmals 30 Minuten gehen lassen.

4. Ein Backblech erst mit Alufolie, dann mit Backpapier auslegen.

5. Den Teig kurz durchkneten und zu einem länglichen Laib formen. Mit einem Nudelholz den Stollen bis zur Hälfte über die lange Seite etwas abflachen. Die dickere Seite darüberschlagen und den Laib mit den Händen in die gewünschte Form bringen. Auf das vorbereitete Backblech geben und abgedeckt nochmals 30 Minuten gehen lassen. Derweil den Backofen auf 200 °C Umluft vorheizen.

6. Den Stollen ca. 40-45 Minuten backen. Nach 30 Minuten die Temperatur auf 180 °C reduzieren. Falls der Stollen zu dunkel wird, mit Alufolie abdecken, bis er fertig gebacken ist.

7. In der Zwischenzeit in einem Topf bei niedriger Hitze die 40 g Butter schmelzen. Den Stollen aus dem Ofen nehmen und sofort mit der Butter bestreichen. Etwas abkühlen lassen, dann erneut mit flüssiger Butter bestreichen und großzügig mit Puderzucker bestreuen. Vor dem Verzehr am besten 24 Stunden durchziehen lassen.

Zauberkessel

ZUTATEN FÜR CA. 10-12 KESSEL

150 g weiche Butter zzgl. noch etwas mehr, zum Einfetten der Muffin-Form

125 g Zucker

1 Päckchen Vanillezucker

1 Prise Salz

3 Eier

250 g Mehl

½ Päckchen Backpulver

150 ml Milch

2 TL Backkakao

400 g Vollmilchkuvertüre, grob gehackt

Zum Verzieren:
Weiße Schokoladentropfen
Zuckerperlen

Außerdem erforderlich:
12er-Muffinform, Spritzbeutel mit sehr feiner Tülle

1. Den Backofen auf 180 °C Ober-/Unterhitze vorheizen. Die Mulden der Muffinform mit Butter einfetten.

2. In einer Schüssel die Butter mit dem Zucker, dem Vanillezucker und dem Salz mit einem elektrischen Handrührgerät aufschlagen. Dann eins nach dem anderen die Eier einarbeiten.

3. In einer separaten Schüssel das Mehl und das Backpulver miteinander vermischen und nach und nach dazugeben; zwischendurch immer wieder etwas Milch dazugießen (insgesamt 125 ml). Alles gründlich durcharbeiten. Dann ¾ des Teiges in die vorbereitete Muffinform füllen.

4. Den Rest des Teigs mit der übrigen Milch und dem Backkakao vermengen. Den Schokoteig gleichmäßig auf dem hellen Teig in den Muffinförmchen verteilen. Die Teige in den Backmulden mit einer kleinen Kuchengabel leicht vermischen. Anschließend ca. 25-30 Minuten im vorgeheizten Ofen backen. Herausnehmen, sobald an einem Zahnstocher, den man in die Mitte pikst, beim Herausziehen nichts mehr kleben bleibt. In der Form vollständig auskühlen lassen.

5. Sind die Muffins ausgekühlt, behutsam aus der Form lösen und umgedreht auf die Arbeitsfläche stellen. (Die »Unterseite« ggf. mit einem scharfen Messer etwas begradigen, damit der »Kessel« besser steht.) Dann mit einem kleinen, scharfen Messer und einem kleinen Löffel vorsichtig die Kesselöffnung ausschneiden und den Muffin ca. 1-2 cm tief aushöhlen. Dabei darauf achten, dass die »Kesselwände« intakt bleiben.

6. In einer Schale über einem Wasserbad die Kuvertüre schmelzen. Einen Teil der Kuvertüre in einen Spritzbeutel mit sehr feiner Tülle geben. Ein Backblech mit Backpapier auslegen und mit dem Spritzbeutel die Henkel der Kessel daraufspritzen. Hierzu am besten mit einem Stift je zwei Kreise pro Muffin aufs Backpapier zeichnen. Die Kuvertüre fest werden lassen.

7. Derweil die Unterseite des Kessels zu ⅓ in die geschmolzene Schokolade tauchen, etwas abtropfen lassen und zum Trocknen auf das mit Backpapier ausgelegte Backblech legen. Dann mit dem Spritzbeutel den Kesselrand aufspritzen und mithilfe der Kuvertüre die Henkel befestigen (siehe Bild). Zuletzt mit Zuckerperlen und Schokodrops verzieren.

Säuredrops

**ZUTATEN
FÜR CA. 1 KG SÄUREDROPS**

750 g Früchte nach Wahl
(z. B. Himbeeren, Erdbeeren, Orangen)

100 ml Wasser

650 g Zucker

5-6 Tropfen Lebensmittelfarbe
(optional)

2 EL Speisestärke

2 EL Puderzucker

Etwas Butter,
zum Einfetten der Form

Saft von 1 Zitrone

Außerdem erforderlich:
2-3 Bonbon-Silikonformen

1. Die gewünschten Früchte gründlich waschen und eventuell vorhandene Stiele entfernen. In einen großen Topf geben, das Wasser hinzufügen und bei mittlerer Hitze zum Kochen bringen. Dann die Hitze auf niedrig reduzieren und die Früchte ca. 10 Minuten köcheln lassen, bis sie weich sind. In ein Küchensieb füllen, überschüssige Flüssigkeit ablaufen lassen und die Früchte zurück in den Topf geben.

2. Die Hitze wieder erhöhen und 500 g Zucker hinzufügen. Das Fruchtmus ca. 30 Minuten einkochen lassen; dabei ständig mit einem Schneebesen umrühren. Das ist jetzt der Zeitpunkt, an dem ihr, falls gewünscht, 1-2 Tropfen einer Lebensmittelfarbe eurer Wahl einrühren könnt. Sobald ihr einen zähflüssigen Brei habt, der sich selbst vom Topfboden löst, vom Herd nehmen und kurz beiseitestellen.

3. In einer kleinen Schüssel die Speisestärke und den Puderzucker vermischen.

4. Die Bonbon-Silikonformen dünn ausbuttern und mit der Stärke-Mischung einpudern. (Falls ihr bloß eine Form zur Hand habt, das Folgende entsprechend oft wiederholen.) Die Fruchtmasse gleichmäßig in die Silikonform füllen, glattstreichen und im Kühlschrank ca. 2-3 Stunden vollständig abkühlen lassen.

5. Die abgekühlten Fruchtgummihälften aus der Form lösen, auf der flachen Seite mit etwas Wasser anfeuchten, jeweils zwei Hälften »zusammenkleben« und einige Minuten trocknen lassen.

6. In der Zwischenzeit den Zitronenzucker herstellen. Hierzu den übrigen Zucker in einer kleinen Schüssel mit dem Zitronensaft vermischen. Die Fruchtgummis ringsum in dem Zitronenzucker wälzen.

7. In einem luftdicht verschließbaren Behältnis sind die Säuredrops mehrere Wochen haltbar.

Zuckerwattefliegen

ZUTATEN FÜR 1 PORTION

2 EL Zucker

2 Tropfen Lebensmittelfarbe, nach Belieben

2 Tropfen Aroma, nach Belieben (z. B. Butter-Vanille, Himbeere, Waldmeister, Kirsche, usw.)

Außerdem erforderlich: Zuckerwatte-Maschine, Zuckerwattestiele

1. Die Zuckerwatte-Maschine nach Herstelleranleitung vorheizen.

2. Derweil in einer Schüssel den Zucker nach Belieben mit der Lebensmittelfarbe und dem Aroma vermischen. Hierbei sind eurer Phantasie keine Grenzen gesetzt: Ihr könnt alle Farben und Geschmäcker miteinander kombinieren, die euch in den Sinn kommen. Wichtig dabei ist bloß, dass ihr die Mengenvorgaben berücksichtigt.

3. Sobald die Maschine einsatzbereit ist, den Zucker einfüllen und nach Herstelleranleitung die Zuckerwatte zubereiten. Sobald sich nach ca. 1 Minute die ersten Zuckerfäden bilden, einen Zuckerwattestiel hineinhalten und damit ringsum am Außenrand der Schüssel entlangfahren, um eine möglichst gleichmäßige, ovale Zuckerwatte zu bekommen. Dies so lange fortsetzen, bis sich keine Fäden mehr bilden (ca. 2-3 Minuten). Möglichst zeitnah genießen.

Eierpunsch

ZUTATEN
FÜR 8 GLÄSER
BZW. 1 FLASCHE (1 L)

8 Eigelbe
150 g Zucker
½ EL Zimt sowie noch etwas mehr, zum Garnieren
2-3 EL Zitronensaft
100 g Sahne
800 ml trockener Weißwein
4 EL Rum

Außerdem erforderlich:
verschließbare Flasche mit 1 l Fassungsvermögen (optional)

1. Die Eigelbe in eine Rührschüssel geben und zusammen mit dem Zucker, dem Zimt und dem Zitronensaft mit dem Schneebesen eines Handrührgeräts ca. 10 Minuten schön schaumig schlagen.

2. In einer separaten Schüssel die Sahne aufschlagen.

3. Die Eiercreme in einen hohen Kochtopf geben. Den Weißwein und den Rum unterrühren. Das Ganze bei schwacher Hitze unter ständigem Rühren erwärmen, damit nichts anbrennt oder ansetzt. Zuletzt noch einmal kurz aufschlagen und in die Gläser oder in eine heiß ausgespülte, ausreichend große Flasche füllen, falls der Eierpunsch erst später genossen werden soll; in diesem Fall unbedingt im Kühlschrank lagern!

4. Den Eierpunsch (egal, ob warm oder kalt) mit einer Haube aus Schlagsahne krönen, mit etwas Zimt bestreuen und sofort servieren!

Dieses Rezept lässt sich auch problemlos ohne Alkohol zubereiten. Dann statt des Weißweins einfach dieselbe Menge Vollmilch verwenden und den Rum durch etwas Schwarzen Tee ersetzen!

Wolfsbanntrank

ZUTATEN FÜR 3-4 TRÄNKE

50 ml Wodka
100 ml Blue Curaçao
150 ml Cranberrysaft
50 ml Grenadine-Sirup
75 ml Sweet & Sour-Sirup
Schwarze Lebensmittelfarbe (optional)
Eiswürfel

1. In einem kleinen Krug den Wodka, den Blue Curaçao, den Cranberrysaft, die Grenadine und den Sweet & Sour-Sirup miteinander verrühren. Sollte die Färbung nicht lila genug sein, 1-2 Tropfen schwarze Lebensmittelfarbe hineingeben.

2. Jeweils einige Eiswürfel in Rocks-Gläser geben, mit dem Wolfbanntrank aufgießen und sofort servieren.

Chocolate Gateau

Zutaten für 1 Kuchen

Für den Teig:
- 250 g weiche Butter zzgl. noch etwas mehr, zum Einfetten der Form
- 200 g Zucker
- 1 Prise Salz
- 1 Päckchen Vanillezucker
- 3 Eier
- 200 g Schmand
- 200 g Weizenmehl (Type 405)
- 6 EL Kakaopulver
- 3 TL Backpulver
- 4 EL Milch
- 100 g Zartbitterschokoladenraspeln

Für die Buttercreme:
- 150 ml Sahne
- 200 g Zartbitterschokolade, grob gehackt
- 100 g weiche Butter
- 80 g Puderzucker, gesiebt
- 3 EL Kakaopulver gesiebt
- 1 TL Vanilleextrakt
- Ggf. etwas zimmerwarme Milch

Zum Verzieren:
- 3 EL Schokoraspeln

Außerdem erforderlich:
- 20er-Springform

1. Den Backofen auf 180 °C Ober-/Unterhitze vorheizen und die 20er-Springform mit Butter einfetten.

2. In einer Rührschüssel die Butter mit dem Zucker, dem Salz und dem Vanillezucker cremig rühren. Dann eins nach dem anderen die Eier dazugeben und unterrühren. Den Schmand hinzufügen und gründlich einarbeiten.

3. In einer separaten Schüssel das Mehl mit dem Kakaopulver und dem Backpulver vermengen. Die Mehl-Kakao-Mischung und die Milch zu der Butter-Vanillezucker-Mixtur geben und alles gründlich miteinander verrühren. Die Schokoladenraspeln unterheben, alles in die vorbereitete Springform füllen, die Oberseite glattstreichen und den Kuchen ca. 45 Minuten im vorgeheizten Ofen backen. Dann aus dem Ofen nehmen und abkühlen lassen.

4. Derweil die Buttercreme zubereiten. Hierzu in einem kleinen Topf bei mittlerer Hitze unter stetem Rühren die Sahne aufkochen.

5. Die gehackte Schokolade in eine Schüssel geben und mit der warmen Sahne übergießen. Einige Minuten stehen lassen, dann mit einem Schneebesen zu einer cremigen Ganache verrühren. Beiseitestellen und bei Zimmertemperatur abkühlen lassen.

6. Unterdessen in einer separaten Schüssel die weiche Butter zusammen mit dem Puderzucker, dem Kakaopulver und dem Vanilleextrakt mit einem elektrischen Handrührgerät auf niedriger Stufe cremig aufschlagen. Unter ständigem Rühren die abgekühlte Ganache dazugeben und einige Minuten schlagen, bis das Ganze merklich heller und fluffiger geworden ist. Dann fünf Minuten auf höchster Stufe schlagen. Sollte die Buttercreme zu fest sein, etwas Milch hinzufügen.

7. Den abgekühlten Schokoladenkuchen ringsum gleichmäßig mit der Buttercreme einstreichen und nach Belieben mit Schokoraspeln verzieren.

Amortentia

ZUTATEN FÜR 1 LIEBESTRANK

Pinker Dekorzucker
5 cl Zitronensaft, frisch gepresst, zzgl. noch etwas mehr, für die Garnitur
5 cl Gin
1 TL Grenadine
1 Eiweiß
1 TL Schlagsahne
Eiswürfel

1. Den pinken Dekorzucker auf einen Unterteller streuen. Etwas von dem Zitronensaft in einen anderen Unterteller geben. Den Rand eures Glases erst umgedreht in den Zitronensaft und dann in den Dekorzucker tauchen. Etwas abtrocknen lassen.

2. Die 5 cl Zitronensaft, den Gin, die Grenadine, das Eiweiß und die Sahne in einen Shaker mit Eiswürfeln geben. 30 Sekunden kräftig schütteln, danach in das Glas abseihen. Hierzu am besten einen kleinen Trichter verwenden, um die Zuckergarnitur nicht zu ruinieren. Sofort servieren.

Butterbier-Shortbread

ZUTATEN FÜR CA. 20 STÜCK

125 g weiche Butter zzgl. noch etwas mehr, zum Einfetten des Backrahmens

40 g Zucker

25 g Puderzucker zzgl. noch etwas mehr, zum Bestreuen

225 g Mehl

1 Prise Salz

1 EL Rosenwasser

Butterbiersoße (siehe S. 34)

Außerdem erforderlich: Backrahmen (ca. 25 x 25 cm)

1. In einer Schüssel die Butter mit dem Zucker mit einem elektrischen Handrührgerät cremig schlagen.

2. Den Puderzucker, das Mehl, das Salz und das Rosenwasser hinzufügen und mit dem Knethaken des Rührgeräts zu einem glatten, geschmeidigen Teig verarbeiten. Den Teig mit den Händen zu einer Kugel formen, mit Frischhaltefolie umwickeln und für 30 Minuten in den Kühlschrank geben.

3. Den Backofen auf 160 °C Ober-/Unterhitze vorheizen. Ein Backblech mit Backpapier auslegen.

4. Den Teig aus dem Kühlschrank nehmen, aus der Frischhaltefolie wickeln und einen Fingerbreit hoch in einen mit etwas Butter eingefetteten Backrahmen geben. Die Oberseite glattstreichen, über und über mit den Zinken einer Gabel einstechen und für ca. 30 Minuten im vorgeheizten Ofen backen.

5. Aus dem Ofen nehmen, im Backrahmen abkühlen lassen und erst dann aus dem Rahmen lösen. Auf ein Schneidebrett geben und mit einem großen, scharfen Messer in fingerlange, längliche Stücke schneiden.

6. Die Hälfte der Shortbreads auf einer Seite gleichmäßig mit etwas Butterbiersoße bestreichen, das übrige Mürbeteiggebäck daraufsetzen und das Ganze großzügig mit Puderzucker bestreuen.

7. In einer Blechdose gelagert einige Tage haltbar.

Zimt-Karamell-Zauber

**ZUTATEN
FÜR CA. 500 G
ZIMT-KARAMELL-ZAUBER**

*400 g gezuckerte Kondensmilch, in der Dose
250 g zimmerwarme Butter
1 EL Kokosblütenzucker
2 TL Zimt*

*Außerdem erforderlich:
Einmach- oder Schraubdeckelglas mit 500 ml Fassungsvermögen*

1. Die Dose mit der gezuckerten Kondensmilch geschlossen in einen Topf mit ausreichend Wasser geben. Bei mittlerer Hitze aufkochen, die Temperatur auf niedrig reduzieren und ca. 3½ Stunden sanft köcheln lassen. Anschließend vorsichtig mit einer Küchenzange aus dem Topf nehmen und vor dem Öffnen unbedingt komplett abkühlen lassen! Vorsicht: Sehr heiß!

2. Derweil in einer Schüssel mit einem elektrischen Handmixer leicht die Butter aufschlagen. Dann den Kokosblütenzucker, den Zimt und die abgekühlte Kondensmilch hinzufügen und alles gründlich durcharbeiten, bis eine geschmeidige, homogene Creme entsteht. In ein heiß ausgespültes Einmach- oder Schraubdeckelglas füllen.

3. Im Kühlschrank ca. 2-3 Wochen haltbar.

Lakritzzauberstäbe

ZUTATEN FÜR 10 ZAUBERSTÄBE

50 Lakritzkaubonbons (z. B. von Kuhbonbon)

1. Die Lakritzbaubonbons vor dem Verarbeiten an einem warmen Ort ca. 1-2 Stunden weich werden lassen, damit sie besser knetbar sind. Sollte das nicht genügen, bei Bedarf einzeln mit den Händen durch die eigene Körperwärme aufweichen. Und falls das auch noch nicht reicht, bei geringster Wärme einige Minuten in den Ofen geben.

2. Sind die Kaubonbons schließlich weich und gut formbar, jeweils fünf zu einer Kugel formen. Diese dann mit der flachen Hand zu einer ca. 15-20 cm langen »Schlange« rollen. Mit den Fingern unten einen »Griff« formen und die Masse behutsam drehen, um den Zauberstab in die gewünschte Form zu bringen.

3. Die Zauberstäbe an einem möglichst kühlen Ort (aber nicht im Kühlschrank!) fest werden lassen.

4. Anschließend kühl in einem luftdicht verschließbaren Behältnis lagern.

Diejenigen unter euch, die keine Lakritze mögen, können diese Zauberstäbe auch problemlos aus reinen Weichkaramellbonbons herstellen. Die Zubereitungsweise ist genau dieselbe.

Schoko-Acromantulas

**ZUTATEN
FÜR 5 ACROMANTULAS**

200 g dunkle Kuvertüre,
grob gehackt
30–40 Salzstangen
5 große und/oder kleine Schokoküsse
10 Zuckeraugen, nach Belieben

1. Ein Backblech oder ein Brett mit Backpapier auslegen.
2. Die grob gehackte Kuvertüre in eine Schüssel geben und über einem Wasserbad schmelzen. Dabei darauf achten, dass die Unterseite der Schüssel das kochende Wasser nicht berührt.
3. Die Salzstangen vorsichtig so durchbrechen, dass ihr ein kurzes und ein deutlich längeres Stück erhaltet. Diese beiden Stücke mithilfe der geschmolzenen Kuvertüre so wieder »zusammenkleben«, dass ein geknicktes Spinnenbein entsteht. Hierzu die Salzstangen auf das Backblech legen, von der Oberseite komplett mit der Schokolade überziehen und am »Gelenk« im gewünschten Winkel so lange vorsichtig andrücken, bis die Klebestelle getrocknet ist. Dann das »Spinnenbein« behutsam wenden und die andere Seite mit der Kuvertüre überziehen. Vollständig trocknen lassen.
4. Jetzt die Schokoküsse vorbereiten. Hierzu mit einem leicht angewärmten spitzen Messer oder einem erwärmten Dosenstecher an den Stellen, wo die Spinnenbeine angebracht werden sollen, ganz vorsichtig Löcher in die Schokoladenhülle schmelzen (drei auf jeder Seite). Die getrockneten Spinnenbeine dann mit der kurzen »Gelenkseite« in die Löcher stecken und behutsam mit geschmolzener Kuvertüre versiegeln. Auf dem Backblech im Kühlschrank aushärten lassen.
5. Die übrige Kuvertüre erneut schmelzen und die Acromantulas mit einem kleinen Backpinsel rundum damit bestreichen, um ihnen so ein bisschen mehr Struktur zu verleihen. Zu guter Letzt vorsichtig jeweils zwei Zuckeraugen auf die noch klebrige Schokolade legen und antrocknen lassen. Bis zum Verzehr im Kühlschrank aufbewahren.

Animagus

ZUTATEN
FÜR 4-5 PORTIONEN

250 g Zartbitterkuvertüre, grob gehackt

200 g Vollmilchkuvertüre, grob gehackt

270 g Kokosfett

2 Eier

60 g Puderzucker

2 EL Backkakao

150 g Butterkekse

25 g weiße Kuvertüre, zum Verzieren

Außerdem erforderlich: Kastenform (ca. 30 x 10 cm)

1. Die Kastenform mit Frischhaltefolie auslegen.
2. Die grob gehackte Kuvertüre (Zartbitter und Vollmilch) sowie das Kokosfett bei niedriger Hitze unter stetem Rühren über einem Wasserbad schmelzen. Dabei darauf achten, dass die Unterseite eurer Schüssel das kochende Wasser nicht berührt! Alles gründlich vermischen und etwas abkühlen lassen.
3. In einer separaten Schüssel die Eier, den Puderzucker und den Backkakao mit einem elektrischen Handrührgerät schaumig schlagen. Die flüssige Kuvertüre-Kokosfett-Mischung unterrühren.
4. Eine dünne, gleichmäßige Schicht der lauwarmen Schokomasse in die Kastenform gießen und glattstreichen. Darauf eine Schicht Butterkekse legen und so viel Schokocreme darauf verteilen, dass die Kekse vollständig damit bedeckt sind. Auf dieselbe Weise fortfahren und abwechselnd Kekse und Schokoladencreme in die Kastenform schichten. Die gefüllte Form schließlich für mindestens 3-4 Stunden, am besten aber über Nacht in den Kühlschrank stellen.
5. Den fest gewordenen Kuchen behutsam auf eine Servierplatte stürzen, vorsichtig aus der Form lösen und die Frischhaltefolie abziehen.
6. Die weiße Kuvertüre über einem Wasserbad schmelzen und in einen kleinen Gefrierbeutel geben. Eine Ecke des Beutels abschneiden und die Oberseite und die Seiten des Kuchens nach Belieben damit verzieren. Die Schokolade einige Minuten trocknen lassen. Schließlich mit einem großen, scharfen Messer auf einem Schneidebrett in nicht allzu dicke Scheiben schneiden. Am besten leicht gekühlt genießen.

Butterbier-Käsekuchen

ZUTATEN FÜR 1 KÄSEKUCHEN

Für den Käsekuchen:
100 g Butter zzgl. noch etwas mehr, zum Einfetten der Backform
200 g Butterkekse
200 g Sahne
600 g Frischkäse
150 g Schmand
150 g Zucker
1 Päckchen Vanillezucker
100 ml Malzbier
4 Blatt Gelatine
Saft von ½ Zitrone

Für die Fruchtsoße:
200 g Himbeeren, klein geschnitten, zzgl. einige ganze Himbeeren, als Garnitur
20 g Zucker
1 Spritzer Zitronensaft

Außerdem erforderlich:
26er-Springform

1. Eine 26er-Springform mit Backpapier auslegen und den Rand mit Butter einfetten.

2. In der Schüssel einer Küchenmaschine die Butterkekse fein mahlen.

3. In einen kleinen Topf bei schwacher Hitze die Butter schmelzen und zu den Kekskrümeln geben. Alles gut durcharbeiten und sorgfältig miteinander vermengen. Die Masse dann gleichmäßig als Boden in die vorbereitete Springform drücken und ringsum glattstreichen.

4. In einer Schüssel mit einem elektrischen Handrührgerät die Sahne steif schlagen und im Kühlschrank kaltstellen.

5. In einer separaten Schüssel den Frischkäse, den Schmand, den Zucker, den Vanillezucker und das Malzbier miteinander verrühren.

6. Die Gelatineblätter in einer kleinen Schale mit kaltem Wasser fünf Minuten einweichen. Die Gelatine dann herausnehmen und behutsam ausdrücken.

7. Den Zitronensaft in einem kleinen Topf erwärmen, jedoch nicht kochen! Die ausgedrückte Gelatine hineingeben und vollständig auflösen. 1-2 EL der Frischkäsemasse zu der Gelatine hinzufügen und gründlich einarbeiten. Dann das Ganze zu der Frischkäsemasse geben und alles gut durchrühren. Die geschlagene Sahne unterheben. Die Masse schließlich gleichmäßig auf dem Keksboden in der Springform verteilen und für mindestens sechs Stunden in den Kühlschrank stellen.

8. In dieser Zeit die Fruchtsoße zubereiten. Hierzu die Himbeeren zusammen mit dem Zucker und dem Zitronensaft in ein hohes Gefäß geben und mit einem Pürierstab sehr fein pürieren. Bis zum Gebrauch kaltstellen.

9. Die Fruchtsoße großzügig über den Butterbier-Käsekuchen geben und mit frischen Himbeeren garniert servieren.

Slug Club-Dessert

ZUTATEN
FÜR 5-6 PORTIONEN

Für den Teig:
125 ml Milch
125 ml Wasser zzgl. noch etwas mehr, zum Bestreichen des Teigs
30 g Zucker
1 Päckchen Vanillezucker
1 Prise Salz
80 g Butter
125 g Mehl
3-4 Eier, zimmerwarm, zzgl. 1 weiteres Ei, zum Bestreichen des Teigs
Schokoladensoße

Für die Füllung:
200 ml kalte Schlagsahne
40 g Puderzucker
1 Päckchen Vanillezucker

Außerdem erforderlich:
Spritzbeutel mit Rundtülle und Fülltülle

1. Die Milch, das Wasser, den Zucker, den Vanillezucker, das Salz und die Butter in einen Topf geben und bei mittlerer Hitze zum Kochen bringen. Vom Herd nehmen, in einem Schwung das gesamte Mehl hinzufügen und durchrühren, bis ihr einen dickflüssigen Brei ohne Klümpchen habt. Wieder auf den Herd stellen und so lange rühren, bis sich ein fester Teigklumpen formt und sich auf dem Topfboden eine weiße Schicht gebildet hat. Den Teig dann in eine Rührschüssel geben und etwas abkühlen lassen.

2. In der Zwischenzeit den Backofen auf 180 °C Umluft vorheizen und ein Backblech mit Backpapier auslegen.

3. Nun die Eier einzeln mit einem Schneebesen in den Teig einarbeiten bis er an festes Kartoffelpüree erinnert. In einen Spritzbeutel mit runder Tülle füllen und mit etwas Abstand zueinander (da der Teig noch aufgeht) walnussgroße Tupfen auf das vorbereitete Backblech spritzen.

4. In einer kleinen Schüssel das verbliebene Ei mit etwas Wasser verquirlen und die Teigtupfen damit einpinseln. Ca. 15-20 Minuten goldgelb backen. Achtung: Dabei nicht die Ofentür öffnen!

5. Unterdessen die Füllung zubereiten. Hierzu die kalte Schlagsahne in ein gekühltes Rührgefäß geben und mit einem elektrischen Handrührgerät erst auf niedriger, dann auf höchster Stufe aufschlagen. Sobald die Sahne cremig ist, den Puderzucker und den Vanillezucker einrieseln lassen und gerade so lange weiterschlagen, bis die Sahne steif ist. Bis zum Gebrauch in den Kühlschrank stellen.

6. Sind die Miniwindbeutel fertig gebacken, aus dem Ofen nehmen und auf dem Blech vollständig auskühlen lassen.

7. Die Füllung in einen Spritzbeutel mit langer Fülltülle geben und die Windbeutel damit befüllen. Auf einem flachen Teller zu einer Pyramide aufschichten und mit Schokoladensoße übergossen servieren.

Crumpets

**ZUTATEN
FÜR CA. 10-12 CRUMPETS**

150 g Mehl

½ TL Salz

20 g Hefe

450 ml Milch

150 g Vollkornmehl

Etwas Butter

*Außerdem erforderlich:
Crumpet-Ringe (alternativ
Pancake- oder Spiegeleiformen)*

1. Das Mehl und das Salz in einer großen Schüssel gut miteinander vermischen. In der Mitte eine Mulde formen, die Hefe hineinbröseln und einen Schuss Milch dazugeben. Zehn Minuten ruhen lassen.

2. Die übrige Milch bei niedriger Hitze in einem kleinen Topf erwärmen und mit in die Schüssel geben. Alles so lange verrühren, bis ein homogener Teig entsteht. An einem warmen Ort ca. 35-40 Minuten ruhen lassen.

3. Derweil die Crumpet-Ringe großzügig mit Butter einfetten.

4. Sobald der Teig genügend geruht hat, in einer großen Bratpfanne bei mittlerer Hitze etwas Butter erwärmen, die Crumpet-Ringe hineinsetzen und mit einer Schöpfkelle jeweils so viel Teig hineinfüllen, dass er ca. 1 cm hoch in dem Ring steht. Nun so lange ausbacken, bis sich an der Oberfläche der Crumpets kleine Bläschen bilden und aufplatzen. Dann aus der Form lösen, wenden und nochmals zwei Minuten von der anderen Seite ausbacken. Schließlich zum Abtropfen auf einen mit Küchenpapier ausgelegten Teller geben.

5. Dazu passen hervorragend Himbeermarmelade (siehe S. 180) oder Zimt-Karamell-Zauber (siehe S. 128).

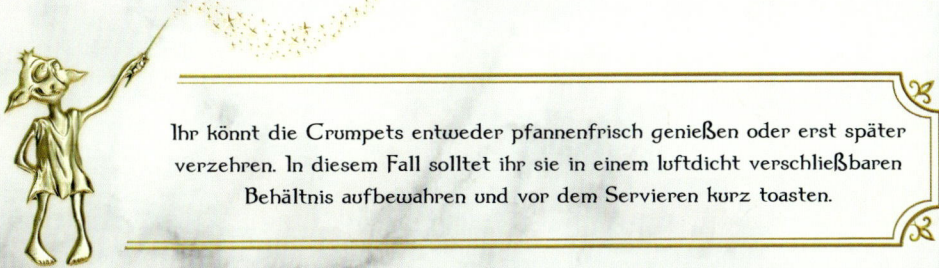

Ihr könnt die Crumpets entweder pfannenfrisch genießen oder erst später verzehren. In diesem Fall solltet ihr sie in einem luftdicht verschließbaren Behältnis aufbewahren und vor dem Servieren kurz toasten.

Kotzpastillen

**ZUTATEN
FÜR CA. 400 G KOTZPASTILLEN**

2 cm großes Stück frischer Ingwer,
fein gehackt

150 ml Wasser

450 g Zucker

100 g Traubenzucker

Blaue Lebensmittelfarbe

Zitronensäure in Pulverform
(lebensmittelecht)

Puderzucker

Außerdem erforderlich:
Zuckerthermometer,
Silikonmatte

1. Den Ingwer und das Wasser in einen kleinen Topf geben, bei mittlerer Hitze aufkochen und 15 Minuten köcheln lassen.

2. Das Ingwerwasser durch ein Küchensieb am besten in eine Stielkasserolle abgießen. Den Ingwer entsorgen.

3. Den Zucker und den Traubenzucker zu dem Ingwerwasser hinzufügen, bei mittlerer Hitze erwärmen und unter stetem Rühren so lange behutsam köcheln lassen, bis sich der Zucker vollständig aufgelöst hat.

4. Sobald der Sirup anfängt zu kochen, nicht mehr weiter umrühren und ein Zuckerthermometer in den Topf stellen. Erreicht die Temperatur 150 °C, sofort vom Herd nehmen, auf eine hitzebeständige Unterlage stellen und zügig die blaue Lebensmittelfarbe und die Zitronensäure einrühren. Achtung: Sehr heiß!

5. Die Zuckermasse vorsichtig auf eine Silikonmatte gießen und etwas abkühlen lassen, sodass man die Masse verarbeiten kann, ohne sich die Finger zu verbrennen. Mit einer Schere ca. 2-3 cm große Stücke abschneiden und mit den Händen zu kleinen, nicht allzu regelmäßigen Kügelchen formen. Die Bonbonmasse wird schnell hart, deshalb zügig arbeiten!

6. Den Puderzucker in eine flache Schüssel geben. Die Kotzpastillen ringsum darin wälzen, sodass sie beim Lagern nicht zusammenkleben, und in einem luftdicht verschließbaren Behältnis verwahren. Mehrere Monate haltbar.

Felix Felicis

MIT ALKOHOL

**ZUTATEN
FÜR CA. 1 L FLÜSSIGES GLÜCK**

*500 g Blütenhonig
750 ml Kornbrand
1 Zimtstange
1 Vanilleschote
1 Kardamomkapsel
Etwas Zimtblüte
1-2 Gewürznelken*

*Außerdem erforderlich:
2-3 kleinere oder eine große
Zaubertrankflasche, essbarer Glitzer
oder Blattgold, großes Einweckglas*

1. Den Honig in das heiß ausgespülte Einweckglas geben. Den Korn darübergießen und so lange verrühren, bis sich der Honig vollständig aufgelöst hat. Anschließend alle Gewürze hineingeben, das Glas verschließen und 3-4 Wochen an einem kühlen, dunklen Ort ziehen lassen. Alle paar Tage kräftig schütteln.

2. Den fertigen Likör durch ein feines Sieb seihen und in die heiß ausgewaschenen Flaschen geben. Etwas essbaren Glitzer oder kleine Stückchen essbares Blattgold hinzufügen, um dem Ganzen einen möglichst magischen Look zu verleihen. Die Flaschen fest verschließen und gut schütteln. Optional mit einem hübschen Etikett versehen.

*Je länger der Honiglikör zieht,
desto köstlicher schmeckt er!*

Schoko-Erdbeeren

**ZUTATEN
FÜR 750 G SCHOKO-ERDBEEREN**

120 g weiße Schokolade,
grob gehackt

120 g Vollmilchschokolade,
grob gehackt

120 g Zartbitterschokolade,
grob gehackt

400 g frische Erdbeeren

*Außerdem erforderlich:
Spritzbeutel oder Gefrierbeutel*

1. Die Erdbeeren waschen und mit Küchenpapier trockentupfen.
2. Ein Backblech mit Backpapier auslegen.
3. In einer Schüssel über einem Wasserbad die Schokolade schmelzen, jede Sorte für sich. Dabei darauf achten, dass die Unterseite der Schüssel das kochende Wasser nicht berührt!
4. Die geschmolzene Schokolade kräftig durchrühren und jede Sorte in eine separate kleine Schale füllen.
5. Die Erdbeeren am Grün festhalten, in die gewünschte Schokolade tauchen und ein wenig abtropfen lassen. Die Erdbeeren dann mit etwas Abstand zueinander auf das Backpapier legen und trocken lassen, bis die Schokolade fest geworden ist. So mit allen Erdbeeren verfahren.
6. Die übrige flüssige Schokolade in Spritzbeutel oder einen Gefrierbeutel mit abgeschnittener Ecke geben und die Oberseite der Erdbeeren mit Schlieren verzieren. Die Schokolade antrocknen lassen. Die Erdbeeren dann wenden und die andere Seite mit Schlieren versehen, die nahtlos an die auf der anderen Seite anschließen. Wiederum kurz antrocknen lassen und möglichst zeitnah genießen!

Sollte die Schokolade zwischenzeitlich zu fest werden, einfach in 20-Sekunden-Schüben in der Mikrowelle wieder verflüssigen!

Prof. Slughorns Popcornbällchen

**ZUTATEN
FÜR CA. 15 BÄLLCHEN**

80 g Mikrowellen-Popcornmais
30 g Butter
250 g Marshmallows
100 g Macadamianüsse,
grob gehackt
Bunte Zuckerstreusel oder
kleine Zuckerperlen
Etwas Öl

1. Das Popcorn nach Packungsanleitung zubereiten.

2. In einem kleinen Topf bei niedriger Hitze die Butter schmelzen. Die Marshmallows dazugeben und unter regelmäßigem Rühren mit einem hitzebeständigen, gut eingeölten Kochspatel schmelzen.

3. Sobald die Marshmallows vollständig geschmolzen sind, den Topf vom Herd nehmen. Die grob gehackten Macadamianüsse und das fertige Popcorn hineingeben und behutsam einrühren. Vorsicht: Sehr heiß! Die Popcornmasse anschließend so weit abkühlen lassen, dass man damit arbeiten kann, ohne sich die Finger zu verbrennen.

4. Unterdessen ein Backblech mit Backpapier auslegen. Die bunten Zuckerstreusel in eine kleine Schüssel geben.

5. Eure Hände gründlich mit Öl einfetten und aus der Popcornmasse zügig möglichst gleich große Bällchen formen. So in der Schüssel mit den Zuckerstreuseln wenden, dass sie ringsum damit überzogen sind. Die Bällchen dann mit etwas Abstand zueinander auf das Backblech legen und vollständig trocknen lassen.

Apfelkuchen

ZUTATEN FÜR 1 KUCHEN

125 g Butter zzgl. noch etwas mehr, zum Einfetten der Backform
125 g Zucker
2 Eier
Schale von ½ Zitrone
1 Prise Salz
200 g Weizenmehl
2 TL Backpulver
2 EL Milch
600 g Äpfel, geschält und geviertelt
Puderzucker, nach Belieben

Außerdem erforderlich:
Kuchenform (ca. 25 cm Ø)

1. In einer Schüssel die Butter und den Zucker mit einem Handmixer schaumig rühren. Nach und nach die Eier, die Zitronenschale und das Salz dazugeben.

2. In einer separaten Schüssel das Mehl mit dem Backpulver vermischen und in die Butter-Ei-Mischung sieben. Alles zu einem Teig verrühren und die Milch einarbeiten.

3. Den Backofen auf 170 °C Ober-/Unterhitze vorheizen. Die Kuchenform mit etwas Butter einfetten.

4. Die Oberseiten der Apfelviertel mehrmals leicht einschneiden.

5. Den Teig in die vorbereitete Backform füllen, die Oberseite glattstreichen und die Apfelviertel mit etwas Abstand nebeneinander leicht in den Teig drücken. Auf mittlerer Schiene im vorgeheizten Ofen ca. 40-50 Minuten backen bzw. so lange, bis der Kuchen goldbraun ist und an einem Zahnstocher, den man in die Mitte pikst, beim Herausziehen nichts mehr kleben bleibt. Anschließend aus dem Ofen nehmen, auf einem Kuchengitter abkühlen lassen und nach Belieben mit Puderzucker bestäuben.

Pfefferkobolde

ZUTATEN FÜR CA. 400 G PFEFFERKOBOLDE

300 g Zucker
150 g weißer Glukosesirup
100 ml Wasser
1 EL Pfefferminzöl
1-2 Tropfen rote Lebensmittelfarbe
Speiseöl
150 g Puderzucker

1. In einem Topf bei mittlerer Hitze das Wasser erwärmen. Dann den Glukosesirup und danach den Zucker einrühren. Unter stetem Rühren so lange kochen lassen, bis sich der Zucker vollständig aufgelöst hat und Fäden zieht. Den Topf jetzt vom Herd nehmen und das Pfefferminzöl unter die Masse mischen. Die Hälfte der Zuckermasse in eine Schüssel füllen und mit roter Lebensmittelfarbe einfärben. Die übrige Zuckermasse in eine separate Schüssel geben. Einige Minuten abkühlen lassen.

2. Sobald die beiden Zuckermassen etwas abgekühlt, aber noch nicht ganz fest sind, sodass sie sich problemlos weiterverarbeiten lassen, ohne sich die Finger zu verbrennen, mit leicht mit Speiseöl eingefetteten Fingern zu dünnen Schnüren rollen. Dann je eine weiße und eine rote »Zuckerstange« zusammenlegen und miteinander verdrehen. Mit etwas Abstand zueinander auf ein mit Backpapier ausgelegtes Backblech legen und 10 Minuten trocknen lassen.

3. Den Puderzucker in ein luftdicht verschließbares Behältnis geben.

4. Die Zuckerstangen mit einer Küchenschere in ca. 2-3 cm lange Stücke schneiden, in den Behälter mit dem Puderzucker geben, das Behältnis verschließen und alles behutsam durcheinanderwerfen.

5. Die Pfefferkobolde in ein Sieb geben, den überschüssigen Puderzucker abklopfen und die Kobolde zurück in den Behälter füllen. Gut verschlossen einige Wochen lang haltbar.

Blancmange

**ZUTATEN
FÜR 4 PORTIONEN**

5 Blatt weiße Gelatine
250 ml Milch
65 g gemahlene Mandeln, ohne Haut
20 g Zucker zzgl. 5 EL
½ Vanilleschote
250 g Schlagsahne
2 Tropfen Bittermandelaroma
300 g TK-Himbeeren, aufgetaut
1 EL Zitronensaft
Frische Minzblättchen, als Garnitur

1. Die Gelatine in einer kleinen Schüssel in kaltem Wasser einweichen.

2. In einem Topf bei mittlerer Hitze unter stetem Rühren die Milch, die Mandeln, 5 EL Zucker und die Vanilleschote aufkochen. Vom Herd nehmen und zehn Minuten ziehen lassen. Dann durch ein Sieb abgießen und die Vanille-Mandelmilch auffangen. Die Schlagsahne und das Bittermandelaroma dazugeben und gut durchrühren.

3. Die Gelatine behutsam ausdrücken und in die Vanille-Mandelmilch geben. So lange umrühren, bis sich die Gelatine vollständig aufgelöst hat. In die gewünschten Serviergläser füllen und für mindestens drei Stunden im Kühlschrank kaltstellen.

4. In der Zwischenzeit die Himbeersoße zubereiten. Hierzu die übrigen 20 g Zucker zusammen mit den aufgetauten TK-Himbeeren und dem Zitronensaft in einen kleinen Topf geben und unter stetem Rühren bei mittlerer Hitze aufkochen. Vom Herd nehmen, etwas abkühlen lassen und durch ein Küchensieb passieren.

5. Sobald der Mandelsulz abgekühlt ist, die Soße nach Belieben darauf verteilen und mit Minzblättchen garniert servieren.

Cross Buns

ZUTATEN
FÜR CA. 8-10 BRÖTCHEN

Für die Brötchen:
100 g Rosinen
Etwas Apfelsaft
300 ml lauwarme Milch
50 g Butter
500 g Mehl, ggf. etwas mehr
1 Päckchen Trockenhefe
1 Prise Salz
½ TL Zimt
80 g Zucker
1 Ei

Zum Verzieren:
75 g Mehl
1 TL Zucker
Ca. 3-5 EL Wasser
2 EL Aprikosenkonfitüre, durchs Sieb gestrichen

Außerdem erforderlich:
Spritzbeutel oder Gefrierbeutel

1. Die Rosinen in eine kleine Schüssel geben und mit so viel Apfelsaft aufgießen, dass sie vollständig davon bedeckt sind. 1-2 Stunden einweichen lassen.

2. In einem Topf bei niedriger Hitze die Milch und die Butter erwärmen. Rühren, bis die Butter vollständig geschmolzen ist. Vom Herd nehmen und lauwarm abkühlen lassen.

3. 500 g Mehl, die Trockenhefe, das Salz, den Zimt und 80 g Zucker in einer Schüssel vermischen. Dann das Ei und die lauwarme Milch dazugeben. Alles gut mit der Hand oder einer Küchenmaschine mit Knethaken kneten, bis sich der Teig von allein von den Schüsselwänden löst. Bei Bedarf noch etwas mehr Mehl hinzufügen.

4. Den Teig zu einer Kugel formen und abgedeckt mit einem sauberen Geschirrtuch an einem warmen Ort eine Stunde gehen lassen bzw. so lange, bis er fast doppelt so groß ist wie zuvor.

5. Zwei Backbleche mit Backpapier auslegen. Den Backofen auf 200 °C Ober-/Unterhitze vorheizen.

6. Die Rosinen abtropfen. Den Teig noch einmal kräftig durchkneten und die Rosinen einarbeiten. Den Teig dann in zwölf gleich große Stücke aufteilen. Jedes davon mit den Händen zu einem Ball formen und mit genügend Abstand zueinander auf die vorbereiteten Backbleche legen. Nochmals zwanzig Minuten gehen lassen.

7. Unterdessen für die Kreuz-Verzierung in einer Schüssel das Mehl und den Zucker mit dem Wasser vermischen. Durchrühren, bis eine zähe, nicht zu flüssige Paste entsteht. In einen kleinen Spritzbeutel oder einen Gefrierbeutel mit abgeschnittener Ecke füllen und jeweils kreuzförmig auf jedes Brötchen spritzen. Die Cross Buns ca. 20 Minuten im vorgeheizten Ofen goldbraun backen.

8. Derweil in einem kleinen Topf behutsam die durchs Sieb passierte Aprikosenkonfitüre erhitzen und die Oberseiten der noch heißen Brötchen unmittelbar nach dem Backen mit einem Backpinsel mehr oder weniger großzügig damit bestreichen. Einige Minuten trocknen lassen.

Zauberbohnen

**ZUTATEN
FÜR CA. 400 G ZAUBERBOHNEN**

200 g Salzcracker
200 g Vollmilchkuvertüre, grob gehackt
2 ml Rum-Aroma
½ TL Zimt

1. Die Salzcracker für 3-4 Stunden ins Gefrierfach geben; so lassen sie sich später leichter schneiden, ohne zu brechen.

2. Die angefrorenen Salzcracker auf einem Schneidebrett mit einem großen, scharfen Messer in kleine, längliche Streifen schneiden.

3. Die grob gehackte Kuvertüre in einer Schale über einem Wasserbad schmelzen. Das Rum-Aroma und den Zimt dazugeben, gründlich einrühren und die Salzcracker hinzufügen. Behutsam so durcheinanderwerfen, dass die Cracker ringsum mit Schokolade überzogen sind.

4. Die einzelnen »Zauberbohnen« aus der Schokolade nehmen, abtropfen lassen und mit ein bisschen Abstand zueinander auf einem mit Backpapier ausgelegten Backblech vollständig trocknen lassen.

5. In einem luftdicht verschließbaren Behältnis lagern.

Obwohl ihr für dieses Rezept sogenanntes Rum-Aroma benötigt, sind diese Zauberbohnen anti-alkoholisch, da das verwendete Aroma zwar in Geruch und Geschmack an Rum erinnert, jedoch aus einer Wasser-Propylenglycol-Mischung besteht. Rum ohne Rum? Na, wenn das keine Magie ist …

Tarteletten-Dreierlei

ZUTATEN FÜR CA. 18 TARTELETTEN

Für die Tarteletten:
125 g zimmerwarme Butter zzgl. etwas mehr
125 g Puderzucker
½ Ei
1 EL kaltes Wasser
250 g Mehl zzgl. etwas mehr
5 g Backpulver
3 g Salz
Etwas Zitronenabrieb, nach Belieben

Für die Schokoladenfüllung:
75 g weiße Schokolade, grob gehackt
75 g Zartbitterschokolade, grob gehackt
40 g Butter
75 ml Sahne

Für die Lemon Curd:
Saft und Abrieb von 5 Zitronen
5 Eier
140 g Zucker
125 kalte Butter
Himbeermarmelade, als Füllung (siehe S. 180)

Außerdem erforderlich:
Tarteletten-Förmchen (ca. 10 cm Ø), runder Keksausstecher (ca. 12 cm Ø), Spritzbeutel, 1-2 Schraubdeckelgläser (je nach Größe)

Die Tarteletten zubereiten:

1. In einer Schüssel mit einem elektrischen Handrührgerät die Butter und den Puderzucker gründlich miteinander vermischen. Das halbe Ei und das kalte Wasser dazugeben und gut unterkneten. Anschließend das Mehl, das Backpulver, das Salz und den Zitronenabrieb hinzufügen und kneten, bis ein weicher, homogener Teig entsteht. 30 Minuten im Kühlschrank kaltstellen.

2. Den gekühlten Teig auf einer leicht mit Mehl bestreuten Arbeitsfläche ca. 1 cm dick ausrollen und mit dem Keksausstecher Kreise daraus ausstechen, die ein bisschen größer sind als die verwendeten Tarteletten-Förmchen.

3. Die Teigkreise vorsichtig in die eingefetteten Förmchen legen, ringsum ganz leicht andrücken und mindestens eine Stunde in den Kühlschrank stellen.

4. Unterdessen den Backofen auf 130 °C vorheizen.

5. Die Tarteletten ca. 50-60 Minuten backen, bis sie durchgehend fest und kross sind. Aus dem Ofen nehmen und vollständig auskühlen lassen. Erst dann aus den Förmchen lösen und mithilfe eines Spritzbeutels nach Belieben z. B. mit Schokolade (siehe unten), Himbeermarmelade (siehe S. 180) oder Lemon Curd (siehe unten) füllen. Die Füllung vor dem Servieren jeweils einige Minuten fest werden lassen.

Die Schokoladenfüllung zubereiten:

6. Die gehackte Schokolade in eine Schüssel geben.

7. In einem kleinen Topf bei mittlerer Hitze unter stetem Rühren die Butter und die Sahne aufkochen, zu der Schokolade geben und solange miteinander verrühren, bis die Schokolade vollständig geschmolzen ist. Aus dem Wasserbad nehmen, kurz abkühlen lassen und die Tarteletten damit befüllen.

Fortsetzung auf der nächsten Seite ...

Die Lemon Curd zubereiten:

8. Den Zitronensaft und den Zitronenabrieb in einen Topf geben und bei mittlerer Hitze aufkochen.

9. In einer Schüssel die Eier und den Zucker mit einem elektrischen Handrührgerät zu einer weißen Creme aufschlagen. Die Hälfte des aufgekochten Zitronensafts hinzufügen. Die andere Hälfte des Safts im Topf lassen, die Ei-Zucker-Masse hineingeben und bei niedrigster Hitze unter ständigem Rühren stocken lassen. Dann sofort durch ein Sieb in ein sauberes Behältnis passieren und so weit abkühlen lassen, bis das Ganze nicht mehr dampft. Schließlich in kleinen Stückchen, nach und nach, die kalte Butter unterrühren. Einige Minuten abkühlen lassen und sogleich zum Befüllen der Tarteletten verwenden.

10. Die Lemon Curd, die ihr nicht zum Füllen der Tarteletten braucht, in heiß ausgespülte Schraubdeckelgläser geben und kühl lagern.

Lemon Curd-Eclairs

**ZUTATEN
FÜR 10-12 ECLAIRS**

Für den Teig:
100 ml Wasser
100 ml Milch
90 g Butter
30 g Zucker
1 Päckchen Vanillezucker
1 Prise Salz
120 g Mehl
3 Eier

Für die Füllung:
1 Päckchen Vanillepuddingpulver
350 ml Milch
50 g Zucker
Saft und Abrieb von ½ Zitrone
4 EL Lemon Curd (siehe S. 163)

Zum Verzieren:
150 g weiße Schokolade, klein gehackt
Gefriergetrocknete Erdbeeren, fein gehackt
Frische kleine Minzblättchen

Außerdem erforderlich:
Spritzbeutel mit Sterntülle und Fülltülle

1. Den Backofen auf 200 °C Ober-/Unterhitze vorheizen und zwei Backbleche mit Backpapier auslegen.

2. Das Wasser, die Milch, die Butter, den Zucker, den Vanillezucker und das Salz in einen Topf geben und bei mittlerer Hitze unter stetem Rühren aufkochen. Das Mehl dazugeben und mit einem Rührlöffel einarbeiten. Bei geringer Hitze so lange kräftig rühren, bis sich der Teig als Ball selbstständig vom Topfboden löst und dort eine weiße Stärkeschicht hinterlässt. Das kann einige Minuten dauern. Den Topf anschließend vom Herd nehmen und in eine Rührschüssel umfüllen. Etwas abkühlen lassen.

3. Die Eier einzeln, eins nach dem anderen, mit in die Schüssel geben und alles mit einem elektrischen Rührgerät durcharbeiten, bis ein geschmeidiger, sämiger Teig entsteht. In einen Spritzbeutel mit Sterntülle füllen.

4. Den Teig gleichmäßig in ca. 10 cm langen Streifen mit genügend Abstand zueinander auf das Backpapier spritzen und für ca. 30 Minuten im vorgeheizten Ofen backen bzw. so lange, bis die Eclairs goldbraun sind. Wichtig: Den Backofen währenddessen nicht öffnen!

5. Derweil die Lemon Curd-Creme herstellen. Hierzu nach Packungsanleitung das Puddingpulver zubereiten, dabei jedoch nur 350 ml Milch und 50 g Zucker verwenden. Unter stetem Rühren den Zitronenabrieb und den Zitronensaft einarbeiten. Die Lemon Curd einrühren und das Ganze 15 Minuten abkühlen lassen.

6. Die Lemon Curd-Creme in einen Spritzbeutel mit Fülltülle geben und von beiden Enden vorsichtig in die Eclairs spritzen. Solltet ihr keine entsprechende Tülle zur Hand haben, die Eclairs einfach waagerecht aufschneiden, füllen und die obere Hälfte wieder auflegen.

Fortsetzung auf der nächsten Seite ...

7. Die weiße Schokolade über einem Wasserbad schmelzen, in einen Spritzbeutel oder einen kleinen Gefrierbeutel mit abgeschnittener Ecke geben und die Eclairs gleichmäßig damit überziehen. Die fein gehackten gefriergetrockneten Erdbeeren über die noch nicht angezogene Schokolade streuen. Mit kleinen Minzblättchen dekorieren und vor dem Servieren einige Minuten trocknen lassen.

Johannisbeersirup

**ZUTATEN
FÜR CA. 1-1½ L SIRUP**

2½ kg rote Johannisbeeren
(frisch oder TK)
150 ml Wasser
500 g Zucker
Saft einer Limette
Mark von ½ Vanilleschote

Außerdem erforderlich:
Passiertuch, verschließbare
Glasflasche mit mindestens 1½ l
Fassungsvermögen

1. Die Johannisbeeren waschen und von den Stielen befreien.

2. Die Beeren in einen großen Topf geben, das Wasser dazugießen und bei mittlerer Hitze unter gelegentlichem Rühren aufkochen. Ca. 10 Minuten offen köcheln lassen, bis alle Johannisbeeren aufgeplatzt sind. Mehrmals kräftig durchrühren. Vom Herd nehmen und abkühlen lassen.

3. Das Ganze durch ein Passiertuch in einen sauberen Topf abgießen, die Beeren im Tuch auspressen und den Zucker, den Limettensaft und die ausgekratzte Vanille mit in den Topf geben. Unter gelegentlichem Rühren zum Kochen bringen und ca. 10 Minuten kochen lassen bzw. so lange, bis sich der Zucker vollständig aufgelöst hat. Dabei hin und wieder mit einem Holzlöffel umrühren.

4. Den Johannisbeersirup in eine heiß ausgespülte Glasflasche füllen und diese verschließen. Vor dem Verwenden 2-3 Tage ziehen lassen. Zwischendurch ein paarmal gut schütteln.

Dieser Johannisbeersirup ist ausgesprochen vielseitig. Abgesehen davon, dass er die ideale Basis oder Beigabe für zahlreiche Getränke ist, eignet er sich z. B. auch bestens zum Verfeinern von Eis, Süßspeisen und Obstsalaten.

Quiekende Zuckermäuse

ZUTATEN
FÜR CA. 20 ZUCKERMÄUSE

Für die Zuckermäuse:
2 EL Speisestärke
250 g Puderzucker zzgl. 2 EL
1 TL Butter, zum Einfetten der Silikonform
2 Päckchen Vanillezucker
18 g gemahlene weiße Gelatine
150 ml Wasser
2 Tropfen weiße Lebensmittelfarbe

Für die Augen:
2 EL Puderzucker
Einige Tropfen Wasser
2 Tropfen rote oder schwarze Lebensmittelfarbe, nach Belieben

Außerdem erforderlich:
Mäuse-Silikonform,
Spritzbeutel mit sehr feiner Tülle

1. In einer kleinen Schüssel die Speisestärke und 2 EL Puderzucker vermischen.
2. Die Mäuse-Silikonform dünn ausbuttern und mit der Hälfte der Stärke-Mischung einpudern.
3. In einer Rührschüssel den Puderzucker mit dem Vanillezucker vermengen.
4. Die gemahlene Gelatine und das Wasser in einen kleinen Topf geben und bei mittlerer Hitze unter stetem Rühren so lange aufkochen, bis sich die Gelatine vollständig aufgelöst hat.
5. Die heiße Gelatine nach und nach in die Rührschüssel mit dem Puderzucker geben und mit einem elektrischen Handrührgerät langsam einrühren. Die Lebensmittelfarbe hinzufügen. Die Geschwindigkeit kontinuierlich bis zur höchsten Stufe steigern, bis eine fluffige, aber noch fließfähige Masse entstanden ist.
6. Die Zuckermasse in die vorbereitete Silikonform geben, die Oberseiten der Mulden glattstreichen und mit etwas von der Stärke-Puderzucker-Mischung bestäuben. Mindestens eine Stunde ruhen lassen. Anschließend behutsam aus der Form lösen und erneut mit der Stärke-Puderzucker-Mixtur bestreuen. Die überschüssige Stärke abklopfen und die Mäuse mit Augen versehen.
7. Hierzu in einer kleinen Schüssel den Puderzucker mit gerade so viel Wasser vermischen, dass eine dickflüssige, aber noch fließfähige Masse entsteht. Nach Belieben mit roter oder schwarzer Lebensmittelfarbe einfärben, in einen Spritzbeutel mit sehr feiner Tülle geben und die Augen auf die Zuckermäuse aufspritzen. Einige Minuten trocknen lassen. (Falls ihr noch eine zweite Augenfarbe verwenden wollt, mit der anderen Lebensmittelfarbe genauso verfahren.)
8. Die Zuckermäuse in einem luftdicht verschließbaren Behältnis lagern.

Zaubertrank

ZUTATEN FÜR 1 ZAUBERTRANK

Zerstoßenes Eis
30 ml Wodka
60 ml Ingwerbier
60 ml Tamarindensaft
2-3 Scheiben frischer Ingwer
1 Sternanis
Frische Minze, als Garnitur

1. Etwas zerstoßenes Eis in einen kleinen Krug oder einen Kupferbecher geben.

2. Den Wodka, das Ingwerbier und den Tamarindensaft über das Eis gießen. Die Ingwerscheiben und den Sternanis hineingeben, behutsam umrühren und mit etwas frischer Minze garniert servieren.

Tamarindensaft bekommt ihr am besten im Internet. Alternativ könnt ihr auch Tamarindenpaste verwenden. In diesem Fall 1 EL von der Paste unter stetem Rühren in 50 ml Wasser auflösen und statt des Safts in den Trank geben.

Sticky Toffee Pudding

**ZUTATEN
FÜR 4 PORTIONEN**

180 g Datteln, getrocknet, entsteint und fein gehackt

1½ TL Backpulver

200 g Butter zzgl. etwas mehr, zum Einfetten der Backform

200 g Zucker

1 EL Vanillezucker

1 Ei

240 g Weizenmehl (Type 405)

1 TL Zimt

½ TL Ingwerpulver

90 g Rohrzucker

100 ml Schlagsahne

Als Garnitur:
Gehackte Nüsse, nach Wahl
Schokostreusel
Butterbiereis (siehe S. 42) oder andere Eiscreme

Außerdem erforderlich:
Gugelhupf-Form (ca. 18-20 cm Ø)

1. Die fein gehackten Datteln und 1 TL des Backpulvers in eine Schüssel geben, vermischen und mit so viel heißem Wasser übergießen, dass die Datteln vollständig damit bedeckt sind. Ca. 5 Minuten ziehen lassen.

2. Inzwischen den Backofen auf 200 °C Ober-/Unterhitze vorheizen.

3. Die eingeweichten Datteln durch ein Sieb abgießen, in ein hohes Gefäß geben und mit einem Pürierstab fein pürieren.

4. In einer Schüssel 180 g von der weichen Butter, den Zucker und den Vanillezucker mit einem Handrührgerät mit Schneebesenaufsatz cremig rühren. Das Ei, das übrige Backpulver, das Weizenmehl, den Zimt und das Ingwerpulver hinzugeben und unterrühren, bis ein glatter, geschmeidiger Teig entsteht. Schließlich die Datteln unterheben, in eine mit Butter eingefettete Gugelhupf-Form geben und ca. 50 Minuten im vorgeheizten Ofen backen. Dann herausnehmen und in der Form vollständig auskühlen lassen.

5. In der Zwischenzeit in einem kleinen Topf bei mittlerer Hitze unter stetem Rühren die restliche Butter mit dem Rohrzucker und der Sahne vermischen und kurz aufkochen. Die Hitze dann auf niedrig reduzieren und unter beständigem Rühren ca. 3-4 Minuten köcheln lassen. Die Toffeesoße vom Herd nehmen und einige Minuten abkühlen lassen.

6. Den abgekühlten Toffee Pudding behutsam auf eine Servierplatte stürzen, großzügig mit der Toffeesoße übergießen und mit gehackten Nüssen, Schokostreuseln und einer Kugel Eis garnieren. Sofort servieren.

Nasch-und-Schwänz-Leckerei

**ZUTATEN
FÜR CA. 10 PORTIONEN**

1 kg Zucker
1 l kaltes Wasser
1 TL Zitronensaft
150 g Speisestärke
1 TL Weinsteinbackpulver
2 EL Rosenwasser
Rote Lebensmittelfarbe
Sonnenblumenöl, zum Einfetten
90 g Puderzucker

*Außerdem erforderlich:
Zuckerthermometer,
Backform (ca. 23 x 23 cm)*

1. Den Zucker, 375 ml Wasser und den Zitronensaft in einen Topf geben. Bei niedriger Hitze so lange rühren, bis sich der Zucker vollständig aufgelöst hat. Dann aufkochen und weiterköcheln lassen, bis die Mischung eine Temperatur von 115 °C erreicht. Vom Herd nehmen.

2. 120 g der Speisestärke mit dem Weinsteinbackpulver und 250 ml des Wassers in einer hitzebeständigen Schüssel glattrühren.

3. Das übrige Wasser in einem Topf zum Kochen bringen und in die Stärkemischung einrühren. Den Zitronen-Zuckersirup dazugeben und bei mittlerer Hitze so lange verquirlen, bis die Flüssigkeit eindickt und Blasen wirft. Dann erneut aufkochen und unter regelmäßigem Rühren ca. 75 Minuten köcheln lassen bzw. so lange, bis das Ganze hellgolden ist. Dann das Rosenwasser einrühren und genügend rote Lebensmittelfarbe zugeben, um die Flüssigkeit zartrosa einzufärben. In eine leicht mit Sonnenblumenöl eingefettete Backform geben und mindestens zwölf Stunden ruhen lassen.

4. Den Puderzucker mit der restlichen Stärke in einer flachen Schüssel vermengen.

5. Die Leckerei aus der Backform vorsichtig auf die Arbeitsfläche stürzen und mit einem leicht eingeölten Messer in mundgerechte Würfel schneiden. In der Puderzucker-Stärke-Mischung wenden. Großzügig mit der restlichen Zucker-Mixtur bestreuen. In einem luftdicht verschließbaren Behältnis kühl und trocken gelagert, ist die Nasch-und-Schwänz-Leckerei ca. 3-4 Wochen haltbar.

Hagrids Gryffindor-Hauskuchen

ZUTATEN
FÜR 1 HAUSKUCHEN

Für den Teig:
250 g zimmerwarme Butter zzgl.
noch etwas mehr, zum Einfetten
der Backform
300 g Mehl
1 Päckchen Backpulver
1 Prise Salz
1 ml Vanilleextrakt
250 g Zucker
4 Eier
75 ml Milch
Rote und grüne Lebensmittelfarbe

Für den Zuckerguss:
250 g Puderzucker
5 EL Zitronensaft
Bunte Zuckerstreusel, zum Bestreuen

Außerdem erforderlich:
Spritzbeutel mit großer Tülle

1. Den Backofen auf 180 °C Ober-/Unterhitze vorheizen. Ein kleines Backblech großzügig mit Butter einfetten und mit Mehl bestreuen.

2. In einer kleinen Schüssel das Mehl und das Backpulver mit dem Salz vermischen.

3. Die Butter, das Vanilleextrakt und Zucker mit einem Handmixer in einer Rührschüssel aufschlagen. Die Eier einzeln unterrühren, dann abwechselnd die Milch und die Mehlmischung dazugeben und jeweils gründlich einarbeiten. Den Teig auf zwei Schüsseln aufteilen und jede Teighälfte mit einer der beiden Lebensmittelfarben einfärben.

4. Die eingefärbten Teige jeweils in einen Spritzbeutel mit großer Tülle füllen und damit auf dem Backblech abwechselnd breite Längsstreifen ziehen, bis das gesamte Blech damit bedeckt ist. (Solltet ihr keine Spritzbeutel zur Hand haben, einfach von einem Gefrierbeutel eine Ecke abschneiden.)

5. Das Blech für ca. 25-30 Minuten in den vorgeheizten Backofen schieben. Gegen Ende der Backzeit einen Zahnstocher in die Mitte des Kuchens piksen; bleibt der Zahnstocher beim Herausziehen sauber, den Kuchen aus dem Ofen nehmen. Ansonsten noch ein bisschen länger backen. Vollständig auskühlen lassen.

6. Unterdessen für den Zuckerguss in einer kleinen Schüssel den Puderzucker und den Zitronensaft sorgsam verrühren und gleichmäßig auf den abgekühlten Kuchen geben. Mit einem Küchenspatel glätten, mit bunten Zuckerstreuseln bestreuen und den Guss vor dem Servieren fest werden lassen.

Brandykugeln

MIT ALKOHOL

ZUTATEN
FÜR CA. 50 BRANDYKUGELN

120 ml Brandy
80 g getrocknete Sauerkirschen
150 g Vollmilchschokolade, grob gehackt
150 g Zartbitterschokolade, grob gehackt
125 g Butter
200 g Baumnüsse, fein gehackt
600 g Honigkuchen
180 g Puderzucker
1 TL Lebkuchengewürz
200 g Schokostreusel

1. In einem kleinen Topf bei mittlerer Hitze 50 ml Brandy aufkochen, die getrockneten Sauerkirschen hineingeben und 2-3 Stunden einweichen. Zum Abtropfen in ein Sieb geben.

2. In einer Schüssel über einem kochenden Wasserbad unter stetem Rühren die Vollmilchschokolade, die Zartbitterschokolade und die Butter schmelzen. Dabei darauf achten, dass die Unterseite der Schüssel das Wasser nicht berührt!

3. Die Baumnüsse ohne Fett in einer Pfanne goldbraun rösten. Vom Herd nehmen, abkühlen lassen und die Hälfte der Nüsse mit einem Blitzhacker fein mahlen.

4. Den Honigkuchen in einer Schüssel zerbröseln und mit dem übrigen Brandy beträufeln. Die gemahlenen und die gehackten Baumnüsse, den Puderzucker und das Lebkuchengewürz hinzufügen und alles miteinander vermischen. Dann die Schoko-Butter-Mixtur dazugeben und gründlich zu einer homogenen Masse verarbeiten.

5. Die Masse mit leicht angefeuchteten Händen grob zu traubengroßen Bällen formen. Jeweils eine Kirsche in die Mitte drücken, die Öffnung mit der Konfektmasse verschließen und zu einer schönen, runden Kugel formen.

6. Die Schokostreusel in eine kleine, hohe Schüssel geben und die Kugeln darin wälzen, sodass sie ringsum gleichmäßig mit den Streuseln überzogen sind. In einem luftdicht verschließbaren Behältnis im Kühlschrank 2-3 Wochen haltbar.

Dieses feine Konfekt eignet sich wunderbar als Dessert oder - schön verpackt - als Präsent für Menschen, denen ihr ohne Zögern eine Socke schenken würdet!

Himbeermarmelade

**ZUTATEN
FÜR CA. 1 L MARMELADE**

*1 kg Himbeeren, frisch oder TK
500 g Gelierzucker
2 EL Zitronensaft, frisch gepresst
Mark von ½ Vanilleschote*

*Außerdem erforderlich:
2–5 Einmach- oder Schraubdeckelgläser (je nach Größe)*

1. Falls ihr frische Himbeeren verwendet, die Beeren verlesen, waschen und abtropfen lassen.

2. Die Beeren in einen großen Topf geben und z. B. mit einem Kartoffelstampfer zu einer breiigen Masse zerdrücken. Dann den Gelierzucker, den Zitronensaft und das Vanillemark hinzufügen, das Ganze bei starker Hitze zum Kochen bringen und mindestens drei Minuten blubbernd kochen lassen. Dabei die ganze Zeit mit einem möglichst langstieligen Holzlöffel umrühren, da die heiße Marmelade gerne mal spritzt.

3. Den Topf vom Herd nehmen. Wer möchte, kann jetzt mit einem Schaumlöffel oder einem kleinen Sieb den Schaum abheben, der sich an der Oberfläche gebildet hat. Das ist allerdings bloß eine Frage der Optik.

4. Die Marmelade in saubere, heiß ausgespülte Einmach- oder Schraubdeckelgläser füllen. Dabei ca. 5 mm Platz zum oberen Glasrand lassen.

5. Die gefüllten Marmeladengläser für ca. 5–10 Minuten auf den Kopf stellen, damit sich darin ein Vakuum bildet. Aber vorsichtig: Die Gläser sind sehr heiß! Anschließend 3–4 Stunden abkühlen lassen. Dann kühl und dunkel lagern.

Ohnmachtshappen

**ZUTATEN
FÜR CA. 35 OHNMACHTSHAPPEN**

600 g Puderzucker zzgl. noch etwas mehr, zum Bestreuen der Arbeitsfläche

2 Eiweiße

2 TL Zitronensaft

10 Tropfen Aroma, nach Wahl (z. B. Himbeere, Bubble Gum, Pfefferminz)

2-3 Tropfen rote Lebensmittelfarbe

1. In einem Rührbecher mit den Knethaken eines elektrischen Handmixers den Puderzucker, das Eiweiß, den Zitronensaft und das gewünschte Aroma grob verkneten. Dann mit den Händen weiter kneten, bis eine leicht glänzende, feste, aber gut ausrollbare Masse entsteht.

2. Die Masse in zwei gleich große Hälften teilen. Eine Hälfte in eine Schüssel geben und mit der roten Lebensmittelfarbe rosa einfärben.

3. Die beiden Zuckermassen auf einer großzügig mit Puderzucker bestreuten, glatten Arbeitsfläche gleich groß und gleich dick ausrollen. Die Oberseiten glattstreichen. Die beiden Zuckerplatten so bündig wie möglich aufeinanderlegen und noch einmal vorsichtig mit dem Nudelholz darüberrollen.

4. Mit einem großen, scharfen Messer die Kanten begradigen und aus der Teigplatte mundgerechte Rechtecke schneiden. Nebeneinander auf ein mit Backpapier ausgelegtes Backblech legen und mindestens 12 Stunden trocknen lassen. Dabei regelmäßig wenden.

5. In einem luftdicht verschließbaren Behältnis mehrere Wochen haltbar.

Nasblutnugat

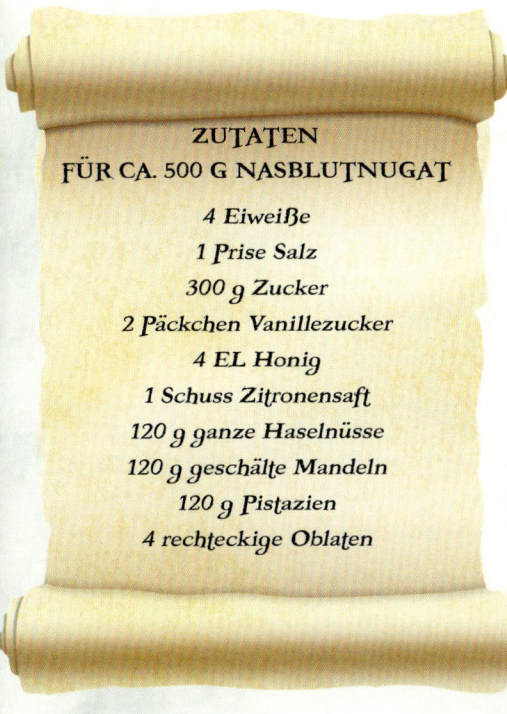

**ZUTATEN
FÜR CA. 500 G NASBLUTNUGAT**

4 Eiweiße
1 Prise Salz
300 g Zucker
2 Päckchen Vanillezucker
4 EL Honig
1 Schuss Zitronensaft
120 g ganze Haselnüsse
120 g geschälte Mandeln
120 g Pistazien
4 rechteckige Oblaten

1. In einer Glasschüssel mit einem elektrischen Handrührgerät das Eiweiß mit dem Salz steif schlagen. Dabei nach und nach den Zucker und den Vanillezucker einrieseln lassen und so lange weiter durcharbeiten, bis das Eiweiß Fäden zieht. Dann den Honig und den Zitronensaft unterrühren.

2. Die Schüssel mit der Honig-Eiweiß-Masse über einem Wasserbad erwärmen und so lange rühren, bis das Ganze allmählich zäh und fest wird. Nun die Haselnüsse, die Mandeln und die Pistazien hinzufügen und unterrühren.

3. Zwei der Oblaten nahtlos auf ein mit Backpapier ausgelegtes Backblech legen, die Honigmasse gleichmäßig fingerdick darauf verstreichen und mit den beiden übrigen Oblaten passgenau abdecken. Einige Minuten ruhen lassen.

4. Sobald die Masse anfängt, fest zu werden, mit einem Stück Backpapier abdecken und mit Büchern o. ä. beschweren. Mindestens 12 Stunden trocknen lassen.

5. Den vollständig getrockneten Nasblutnugat auf ein Schneidebrett geben und mit einem großen, scharfen Messer in mundgerechte Würfel schneiden. In einem luftdicht verschließbaren Behältnis lagern.

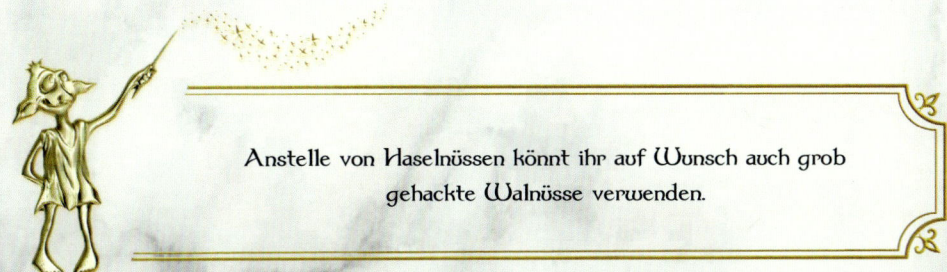

Anstelle von Haselnüssen könnt ihr auf Wunsch auch grob gehackte Walnüsse verwenden.

Zitroneneis

**ZUTATEN
FÜR 4 EIS**

2 Zitronen
250 ml Wasser
20 g Zucker
3 EL Holunderblütensirup

Außerdem erforderlich:
4 Stieleisförmchen

1. Die Zitronen gründlich abwaschen, halbieren und mit einem Löffel das Fruchtfleisch daraus lösen. Die Schale entsorgen.

2. Das »Zitronenfleisch« zusammen mit dem Wasser, dem Zucker und dem Holunderblütensirup in ein hohes Gefäß geben und mit einem Stabmixer möglichst fein pürieren.

3. Gleichmäßig in die Stieleisförmchen füllen und über Nacht ins Gefrierfach geben.

Schokofrösche

**ZUTATEN
FÜR 6 SCHOKOFRÖSCHE**

250 g Zartbitterkuvertüre,
fein gehackt
2-3 Tropfen Pfefferminzöl
2-3 Tropfen Vanilleextrakt

Außerdem erforderlich:
Frosch-Pralinenform

1. ⅔ der Schokolade in eine Metallschüssel geben und behutsam unter regelmäßigem Rühren über einem Wasserbad schmelzen. Wichtig dabei: Die Schüssel darf das Wasser nicht berühren! Sobald die Kuvertüre flüssig ist, vom Herd nehmen und die restliche Schokolade unterrühren, bis sie sich vollständig aufgelöst hat. Nach Belieben 2-3 Tropfen Pfefferminzöl und nach Belieben 2-3 Tropfen Vanillextrakt hinzugeben und gründlich verrühren.

2. Die Schokolade nun vorsichtig in die Mulden der Pralinenform füllen und mehrmals behutsam mit einem Löffel gegen die Form klopfen, damit eventuelle Luftbläschen entweichen können. Locker mit Frischhaltefolie abdecken, in den Kühlschrank stellen und fest werden lassen.

3. Die Schokofrösche behutsam aus der Form lösen und verspeisen, bevor Ron euch und euren Liebsten zuvorkommt! Denn bekanntlich liebt Harrys bester Freund Schokofrösche über alles!

Die Original-Harry-Potter-Schokofrosch-Form kann man übers Internet beziehen! Sogar inklusive verschiedener Zauberer-Sammelkarten und authentischer Faltschachteln, wie man sie aus den Filmen kennt!

Geisterstangen

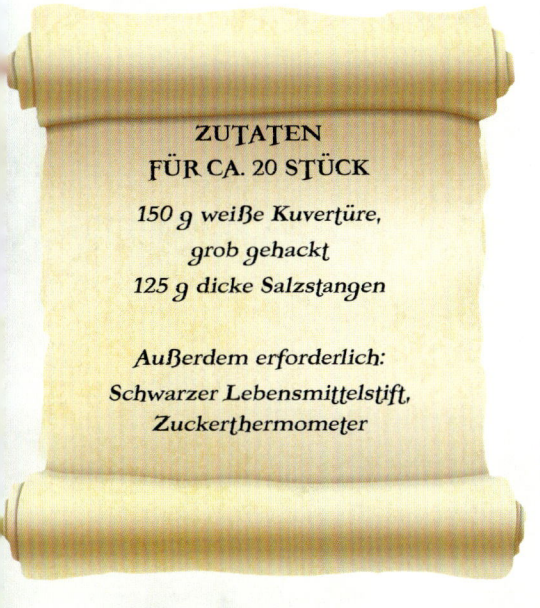

ZUTATEN FÜR CA. 20 STÜCK

150 g weiße Kuvertüre, grob gehackt
125 g dicke Salzstangen

Außerdem erforderlich:
Schwarzer Lebensmittelstift,
Zuckerthermometer

1. Ein Wasserbad aufsetzen. Hierzu Wasser in einen Topf geben, eine kleinere Metallschüssel hineinstellen und bei niedriger Hitze auf dem Herd erwärmen. Dann ⅔ der grob gehackten Kuvertüre darin schmelzen; dabei darauf achten, dass die Unterseite der Schüssel das Wasser nicht berührt! Außerdem darf das Wasser nicht kochen! Sobald sich die Kuvertüre vollständig verflüssigt hat, die übrige Schokolade hinzufügen und alles etwas abkühlen lassen. Dann die Schokomasse behutsam wieder auf 32 °C erwärmen (mit dem Zuckerthermometer prüfen) und die Schüssel aus dem Wasserbad nehmen.

2. Die Salzstangen nun zügig in die flüssige Schokolade tauchen, da die Kuvertüre beim Abkühlen schnell wieder fest wird. Die Salzstangen zu ⅔ mit der weißen Schokolade überziehen und anschließend aufrecht in ein Glas stellen, mit der Schokoseite nach oben und ein bisschen Abstand zueinander, damit sie nicht zusammenkleben.

3. Die Salzstangen ca. 15 Minuten trocknen lassen. Sobald die Schokolade getrocknet ist, mit einem schwarzen Lebensmittelstift gruselige Geisterfratzen auf die Kuvertüre malen.

Danksagung

Genau, wie man gutes Essen und Trinken gemäß »Gamps Gesetz der elementaren Transfiguration« nicht aus Nichts herbeizaubern kann, produziert niemand – ganz gleich, ob Muggel oder Magier – ein Buch wie dieses ganz allein. (Gut möglich, dass das eine weitere »Wesentliche Ausnahme« von »Gamps Gesetz« ist.) Tatsächlich haben zahlreiche talentierte Menschen über Monate hinweg auch ohne Zauberkräfte wahre Wunder gewirkt, um dafür zu sorgen, dass ihr dieses Werk nun in Händen haltet.

Als da wären: Jo Löffler & Holger »Holle« Wiest, meine »Dinos«, ohne die nichts so wäre, wie es ist; Roberts »Rob« Urlovskis, der statt eines Zauberstabs einen PC verwendet, um seine Magie zu wirken; Angelos Tsirigotis, mein schwäbischer Grieche, für seine grandiosen Beiträge zu diesem Buch; Oskar »Ossi« Böhm & Annelies Haubold; der K-Clan mit Tobi, Andrea, Finja & Lea; Katharina »die einzig wahre Katze« Böhm; mein »Bruder von `nem anderen Luder« Thomas B. nebst Anhang, für viele unvergessliche Momente in Vergangenheit, Gegenwart und Zukunft; Ulrich »die Pest« Peste, aus denselben Gründen; Dimitrie Harder, mein »Partner in Crime« bei allem, was Koch- und Backbücher betrifft, und der einzige Mensch auf Erden, der mich je ungestraft einen »Rüpel« genannt hat; Thomas Stamm und seine Frau Alexandra, für Wertschätzung und Freundschaft; und nicht zuletzt Karin Michelberger, Franz-Christoph Heel sowie die stets geduldige Hannah Kwella, für viele großartige Projekte.

Für alles, das euch an diesem Buch gefällt, gilt der Dank diesen wunderbaren Menschen. Für alle inhaltlichen Mängel, fragwürdige Formulierungen, fehlerhafte Mengenangaben und zu viel Butter-Vanille-Aroma sind hingegen die Autoren verantwortlich.

Ansonsten freuen wir uns immer über Lob, Anregung & Kritik, vorzugsweise vermittels folgender Social-Media-Kanäle:

Tom Grimm
- @tom.grimm.autor
- @tom.grimm.autor
- www.grinningcat.de